내 인생의
자서전 쓰는 법

LEGACY: A Step-By-Step Guide to Writing Personal History
by Linda Thorne Spence
Copyright © 1997 Linda Spence

All rights reserved.
This Korean edition was published by God'sWin Publishers, Inc. in 2008
by arrangement with Ohio University Press/Swallow Press, Athens, OH
through KCC(Korea Copyright Center Inc.), Seoul.

내 인생의
자서전 쓰는 법

린다 스펜스 | 황지현 옮김

고즈윈은 좋은책을 읽는 독자를 섬깁니다.
당신을 닮은 좋은책—고즈윈

내 인생의 자서전 쓰는 법
린다 스펜스 지음
황지현 옮김

1판 1쇄 발행 | 2008. 1. 5.
1판 5쇄 발행 | 2020. 8. 19.

이 책의 한국어판 저작권은 (주)한국저작권센터(KCC)를 통한
저작권자와의 독점계약으로 고즈윈(주)에 있습니다. 저작권법에 의해
한국 내에서 보호를 받는 저작물이므로 무단전재와 복제를 금합니다.

발행처 | 고즈윈
발행인 | 고세규
신고번호 | 제313-2004-00095호
신고일자 | 2004. 4. 21.
(121-819) 서울특별시 마포구 동교동 200-19번지 202호
전화 02)325-5676 팩시밀리 02)333-5980
www.godswin.com

값은 표지에 있습니다.
ISBN 978-89-92975-00-1

고즈윈은 항상 책을 읽는 독자의 기쁨을 생각합니다.
고즈윈은 좋은책이 독자에게 행복을 전한다고 믿습니다.

무엇을 쓸까 고민했던 어머니 로라에게
어머니의 기억이 얼마나 소중한지를 알았던 동생 팜에게
언제나 궁금해 하는 나의 딸 로라에게

| 프롤로그 |

　몇 해 전 여름, 두 동생과 함께 차를 몰고 국토 횡단 여행을 했다. 40년 전 가족 모두가 함께 갔던 길을 똑같이 되밟은 3주 동안의 여정이었다. 아버지의 고향도 찾아갔는데, 그때 가족여행 이후로는 처음이었다. 지금은 여러 개의 방으로 나뉜 조금은 낡은 집의 현관에서, 우리는 아버지가 사진을 찍어 주던 그 시절 그 모습을 떠올리며 똑같은 상황을 재연해 보았다. 앞마당의 잔디를 바라보니 다시금 아련한 추억이 몰려 왔고 아버지가 계속해서 규칙을 일러 주셨던 깡통 차기 놀이도 떠올랐다. 시원한 바람을 느끼려고 침대에 누웠을 때 저만치서 아름답게 날아다니던 반딧불이도 기억났고, 귀에 익은 어른들의 목소리가 계단을 타고 따스하게 울려오는 듯한 느낌도 들었다.
　우리 세 자매는 가족으로서 예전에 함께했던 일들을 어떻게 기억하고 있는지 노트에 써서 한번 비교해 보았다. 또 부모님의 젊은 시절에 대해 알고 있는 것도 써서 바꿔 보았다. 그런데 그러고 보니 두 분이 어디 살았고 어느 학교를 다녔는지 말고는 아는 게 거의 없었다. 물론 그 사실이 그다지 놀라운 것만은 아니었다. 기억건대 부엌에서나 자동차 앞좌석에 기대어 부모님이 어떻게 살아왔는지 알려 달라며 졸랐지만, 막 이야기가 시작될 참나면 꼭 선반에 올려 둔 바구니가 떨어지거나 방해꾼들의 노래가 시작되어 이야기는 결국 멈추어 버렸던 것이다.

나와 동생들이 옛일을 회상하며 여행을 하고 있던 그때, 이미 부모님은 세상에 계시지 않았다. 하지만 그분들이 남겨 주신 추억이라는 유산 덕분에 우리는 행복했다. 나는 그분들이 더 많은 얘기를 남겨 주셨더라면 얼마나 좋았을까 하고 생각했다. 두고 두고 볼 수 있는 '글'로서 말이다. 당시 나는 이 책의 원고를 거의 완성해 가는 단계에 있었고, 그런 의미에서 동생들의 자서전 쓰기에 동참하기로 마음먹었다. 동생들은 늘 꿈꾸는 듯한 표정으로 "아, 나와 내가 좋아하는 사람들의 자서전을 갖게 된다면 좋겠어!"라고 말했다. 가끔은 이런 말도 들었다.

"난 내 이야기를 직접 쓰고 말 거야."

이 책을 집필 중이던 나는 이런 열렬한 바람에 크게 고무되었다. 딸도 줄곧 이런 말을 했다.

"저도 엄마가 자서전을 쓰시면 좋겠어요."

지금 나는 내 인생의 자서전을 쓰고 있다. 그리고 그보다 먼저 어떻게 내 자서전을 완성할 것인지 정리하려고 한다. 그것이 바로 이 책이다. 이 세계에 동참한 당신을 환영한다. 당신 삶에 대한 글쓰기가 어서 시작되기를 기대한다.

차례

프롤로그 6

내 인생의 자서전 계획하기

인생의 선물, 자서전 12 · 왜 쓰는가 16 · 왜 망설이는가 19
글쓰기 연습 24 · 자서전을 쓰기 위한 질문 34
본격적인 글쓰기 36 · 이 책을 어떻게 읽을 것인가 38

내 인생의 자서전 쓰기

나의 출생과 어린 시절 43

청소년기 77

20대와 30대, 어른이 되어 101

결혼 생활 119

부모가 되어 145

중년으로 접어들어 175

할아버지, 할머니가 되어 189

노년을 보내며 201

회상 221

옮긴이의 글 246

내 인생의
자 서 전
계 획 하 기

•1부

인생의 선물, 자서전

자서전은 인생에 대한 것이고 인생을 위한 것이다. 살았던 시간에 대한 것이고, '우리'라는 존재를 만들어 준 사람과 사건에 대한 기록이다. 우리가 사랑한 사람과, 우리를 흥분하고 감동하게 만들고 또 힘들게 했던 모든 일에 대한 기록이다. 크게 웃었던 때와 눈물 흘렸던 순간도 여기에 담겨 있다.

살아오는 동안 자신의 삶에 진정한 생명을 불어넣어 준 장소는 어디인가? 삶의 의미를 느끼게 한 순간은 언제인가? 이는 우리

아이들이 알고 싶어 하는 것이기도 하다. 또 우리가 친구들과 나누고 싶어 하는 것이기도 하다. 이런 이야기를 나누는 것은 '우리는 항상 여기 함께한다.'는 친밀한 관계를 확인하기 위함이다.

비록 삶의 모든 여정을 이야기하기에는 아직 충분히 나이 들지 않았을지라도 우리가 이런 이야기를 정리하고 기록하는 것은, 사람과 인생에 대해 반추해 보고 깊이 생각하며 살아간다는 의미이기도 하다. 시간을 두고 당신의 삶을 이야기해 보라. 자신의 이야기를 하면서 오늘과 내일 '함께' 한 모든 것에 감사하자. 인생에 대한 이야기는 값을 매길 수 없는 특별한 유산이다.

자신이 직접 활용하든 누군가에게 선물하든, 이 책의 진정한 목적은 자신의 삶에서 가장 중요한 것을 쉽고 편안하게 표현하고 간직하는 것이다. 이 책을 선물하고 싶은 사람에게 글을 쓸 용기를 북돋아 줄 필요가 있다고 생각한다면, 도움이 되는 몇 가지 방법이 있다.

먼저, '왜 쓰는가'로 시작하는 도입 부분을 함께 읽어 보도록 한다. 자서전을 쓰는 것이 얼마나 큰 의미가 있는지 그에게 적극적으로 표현하기 바란다. '당신의 인생을 더 자세히 알고 싶다.'는 강력한 희망의 말이 글을 쓰는 사람에게 큰 자극이 될 것이다. 자서전을 쓰기로 마음먹었거나 쓰고 있는 분이라면, 이 책의 '글쓰기 연습' 부분을 활용해 보길 권한다.

다음으로, 무엇을 선택하든 복잡하지 않게 하라. 책이 자신의 것이 되고 편안하게 글을 쓰는 것이 중요하다. 여동생은 종종 이런 말을 했다.

"엄마, 아빠가 두 분 이야기를 잔뜩 담은 낡은 책이라도 한 보따리 주고 가셨으면 정말 좋았을 텐데."

이 책과 함께 잘 써지는 펜이나 잘 깎은 연필이 가득 들어 있는 필통을 건네면서 용기를 북돋아 주면 그 선물은 완성된 것이다!

자서전을 쓰는 사람에게 종종 확인해 주어야 할 것이 있다.

"어떻게 돼 가고 있어? 오랫동안 떠올리지 않았던 그 이야기를 기억하고 있는 또 다른 사람은 누굴까?"

"고민하던 건 어떻게 됐어?"

이 책을 선물 받은 사람이 글쓰기를 시작하지 못하고 있다면, 이 책에 나오는 질문들을 대화의 화두로 삼거나 당신이 직접 몇 개의 단어나 문장을 써 주어도 좋다. 다른 장치 활용을 선호한다면 비디오 촬영이나 오디오 녹음도 좋은 방편이 될 수 있다.

자신의 삶을 펜으로 꼼꼼히 기록하거나 인쇄하여 멋지게 양장 제본을 해 둔다면 다음 세대가 오래도록 언제든지 펼쳐 볼 수 있을 것이다. 컴퓨터의 각종 편집 프로그램을 활용하여 완성한다면 다양한 형태의 책을 여러 권 만드는 것도 가능하다. 인쇄한 책과는 느낌이 다르겠지만, 온라인의 개인 블로그에 자서전을 남기는 것도 한 방법이 될 수 있다.

글쓰기의 시작을 망설이고 있다면 다음에 이어지는 '왜 쓰는가'와 '왜 망설이는가' 부분을 큰 소리로 읽어 보도록 한다. 그런 다음 이미 알고 있는 것에 대한 답을 써 나가다 보면 자연스럽게 편안해지면서 자신감을 느끼게 될 것이다. 이런 과정을 몇 번 반복하다 보면 가장 흥미로운 것이 무엇인지 알게 되고 얼마 후에는 과거의 일을 자연스럽게 떠올리게 될 것이다. 혼자 묵상하는 시간도 중요하다. 침묵은 오래된 기억을 되살리고 끄집어내는 데 중요한 역할을 한다.

독자들이 이 책을 자주 펼쳐 보고 책이 닳도록 활용하기를 바라는 것이 나의 마음이다. 독자 여러분의, 혹은 여러분 친구의 자서전이 완성되는 과정에 이 책이 풍부한 영양을 공급해 줄 수 있기를 진심으로 바란다.

왜 쓰는가

오래전 어느 날, 늘 편안하고 만족스러워 보이던 어머니의 얼굴에 의구심이 가득 차 있는 것을 보게 되었다. 어머니는 의자에 앉아 무릎 위에 책 한 권을 올려놓은 채 무언가를 깊이 고민하는 듯한 표정으로 창밖을 바라보고 계셨다. 잠시 후 어머니는 무릎 위에 있던 책을 들어, 동생이 주었다며 내게 보여 주셨다. 그 책은 놀랍게도 온통 백지로 되어 있었다.

"네 동생이 여기에 내 인생에 대해 써 달라고 하는구나. 나도 그러고 싶다만…."

어머니는 말끝을 흐리며 자신 없다는 듯 고개를 저으셨다.

"그런데 그 아이는 뭘 알고 싶은 걸까?"

정말 뭘 알고 싶은 걸까. 우리가 어른들에게 부탁할 수 있는 가장 귀중한 것은 무엇일까. 나이 드신 분, 젊은이들 할 것 없이 많은 사람들이 내가 이 책을 쓰고 있다는 걸 알고는 그 질문에 자발적으로 답을 해 주었다. 십대들은 이런 것이 궁금하다고 했다. 할머니가 음악을 좋아했는지, 춤을 추었는지, 또 어떤 음악에 맞춰 춤을 추었는지 알고 싶다고 했다. 스포츠를 좋아하는 젊은 친구들은 할아버지가 어떤 스포츠를 했는지 궁금하다고 했다. 이제 막 요리를 배우기 시작한 딸들은 어머니의 요리 비법을 궁금해했고, 할머니의 요리 비법 중 기억나는 것은 없는지, 또 할머니가 엄마보다 요리를 잘했는지, 혹 그 비법을 적어 두지는 않았는지 알고 싶어 했다. 교과서에 나오는 역사의 순간을 할아버지가 직접 겪었는지, 실제로 어떤 일이 펼쳐졌는지, 그걸 어떻게 느꼈는지 궁금해 하는 학생도 있었다.

놀랍게도 우리는 일상의 세세한 것들에 대해 궁금해 하고 있었다. 우리 중 많은 이들이 좀 더 자세히 그리고 더 깊이 알고 싶어 했다. 동생은 이렇게 말했다.

"난 엄마 인생에 무슨 일이 있었는지보다 그러한 일이 일어났을 때 어떤 느낌이었는지를 더 알고 싶어."

"아빠를 더 잘 알 수 있었으면 좋았을 텐데. 다시 옛날로 돌아가서 엄마에게 아빠에 대해 물어볼 수 있었으면 좋겠어."

우린 이제 질문할 기회를 잃어버렸다.

우리는 대부분 가족과 멀리 떨어져 살거나 자신의 하루하루를 살아가느라 분주하기 짝이 없다. 그러다 보니 하루 시간을 내어 가족과 함께 카드놀이를 하거나 음악을 듣거나 음식을 만들거나 둘러앉아 '그때는 그랬지.' 하는 이야기를 할 여유가 없다. 부모와 함께 무언가를 할 기회가 없다 보니 두 분이 인생에서 만났던 어려움과 놀라움에 어떻게 대응했는지 알 수가 없다. 여러 세대가 함께 식탁에 앉아 저녁을 먹으며 그날의 일을 이야기할 기회도 찾아보기 어렵게 되었다. 물론 어디서나 목소리를 들을 수 있는 편리한 전화가 있기는 하지만, 그 때문에 편지를 쓰지 않으니 일상의 기록이 남지 않게 되었다.

세대 간의 끈끈한 유대감은 '큰 사건' 뿐만 아니라 일상의 소소한 즐거움과 슬픔으로 생기기도 한다. 오늘날 우리는 정신적 공황과 상실을 인식하면서도 구하고 싶은 지혜라든가 유용한 일화들을 한데 모아 줄 수 있는 일기장이나 편지 꾸러미를 가지고 있지 못하다.

"그 여름에 대해 엄마가 기억하고 있는 건 뭐예요? 할머니에겐 그게 어떤 의미였어요?"

매들린 렝글 Madeleine L'Engle 은 저서 『증조할머니의 여름 Summer of the Great-Grandmother』에서 이렇게 묻는다.

"글쎄다. 우리가 왜 거기에 있었는지 잘 모르겠구나. 그것도 아버지와 함께 말이다. 이젠 물어볼 수도 없구나. 단지 그 여름이 네 할머니보다 나에게 더 의미가 있었던 것만 기억날 뿐이구나."

이 책은 당신의 이야기가 완성되기를 기다린다. 당신이 서술하는 삶 가운데 이미 다른 사람이 알고 있는 부분도 있을 것이다. 하지만 당신이 분명하다고 생각하는 일이 다른 사람에게도 그러할 것이라고 생각하지는 말기 바란다. 여기 아직 물어보지 못한 질문들이 많이 있다. 지금까지 누구도 하지 않았지만 앞으로 그 누군가가 할지도 모르는 질문들이다. 글로 써서 남긴다면 누군가가 당신의 대답을 쉽게 구할 수 있을 것이다. 이 책은 당신에게 살아온 날들의 경험과 통찰력, 지혜, 겸손 등을 나누는 자리로 나오라고 초대한다.

그리하여 당신이 그들에게 나누어 주는 이야기 선물은 오래도록 빛을 발하면서, 당신의 삶을 폭넓게 바라보도록 인도하는 관문이 되어 줄 것이다. 또한 당신은 돌이켜 생각해 보고 질문에 답하면서, 미처 깨닫지 못했던 자신의 목적과 결심, 충만한 인생에 대한 인식을 발견할 수 있을 것이다.

왜 망설이는가

당신은 어쩌면 이미 글을 쓸 채비가 다 되어 있는지도 모르겠다. 그렇다면 이 부분은 건너뛰고 '이 책을 어떻게 읽을 것인가'를 보기 바란다.

하지만 대다수 사람에게 무언가를 새로 시작한다는 것은 늘 어려운 일이다. 특히 자신의 이야기를 쓴다는 것이 바보처럼 보이지나 않을까 또는 아무도 관심을 두지 않는 일을 하는 건 아닐까 하며 두려움을 느끼게 마련이다. 또 잘 쓸 수 없으리라 생각하기도 하고, 끝까지 완성하지 못하리라 생각하기도 한다. 또 자기 자신에게만 몰두해서는 안 된다는 생각을 하기도 한다. 가장 일반적인 네 가지 장애물을 살펴보자.

1. '누가 내 인생에 관심을 둔단 말인가. 괜히 비웃음만 사지는 않을까?'

이 책을 읽기 시작했다면 이런 유별난 걱정쯤은 집어 두기 바란다. 그리고 '아무도 내 이야기에 관심이 없을 게 뻔해. 다른 사람들은 나의 관심사나 경험을 지루하게 느낄 거야.'라고 생각되더라도 자신의 관심사가 무엇이었는지 또 어떻게 시간을 지나왔는지 하는 것들은 중요하고 소중한 부분임을 기억하라.

당신 스스로 이 책을 선택했다면 아주 큰 발걸음을 뗀 것이다. 글을 쓰기 위해 앉았을 때, 이 책을 펼치도록 만든 자신의 감정을 충실히 믿어 보라. 처음 느낌이 맞을 것이다.

두려움이 계속되고 누가 관심을 보이겠는가 하는 의심이 떨쳐

지지 않는다면 사랑하는 가족이나 친구 또는 아직 태어나지 않은 자손을 생각해 보라. 또는 지금으로부터 아주 오랜 시간이 흐른 다음, 어떤 사람이 당신의 자서전을 집어 들었을 때를 생각해 보라. 그는 삶의 어려운 순간에 어떤 단서를 찾기 위해 당신 책을 집어 들고는 "나와 비슷한 상황에 처한 사람이 있었구나. 이 책을 보면 그가 어떻게 해결했는지 알 수 있겠는걸. 이 사람이 어떻게 살아갔는지 읽어 보면 많은 걸 배울 수 있겠다." 하고 말할 것이다. 글을 쓰면서 누군가가 옆에 앉아 당신에게 질문을 던진다고 생각해 보라. 그 사람과 눈을 맞추기도 하고 대화도 하면서 자신의 이야기를 해 보라.

2. '내가 잘 쓸 수 있을까. 그렇게 잘 쓸 것 같지 않은데…'

물론 걸작을 만들거나 읽는 것은 대단히 흥분되는 일이다. 그러나 지금은 그게 핵심이 아니다. 진정으로 우리가 원하는 것은 바로 우리의 진솔한 삶에 대한 기록이다. 자꾸 의심이 든다면 큰 소리로 자신에게 외쳐 보라.

"이건 내 이야기다. 그리고 이걸 쓸 수 있는 사람은 바로 나뿐이다!"

3. '이렇게 나 자신에 대해 생각하는 데 너무 많은 시간을 할애해서는 안 될 것 같은데….'

어떤 사람들은 과거에 대해 오래 생각하는 것이 정신 건강에 그다지 좋지 않다고 여긴다. 또 자신을 깊이 들여다보고 이야기하는 일이 다 부질없다고 생각한다. 이런 이들에게 나는 이렇게 말한다. 인생을 돌이켜 보는 그 시간은 인생의 어느 한 시기만큼이나 중요하다고 말이다. 당신의 자서전은 결코 쉽게 얻을 수 없는 지혜와 경험을 당신이 결코 만날 수 없는 후배와 후손에게까지 전달할 것이다. 기억이나 회고를 기록하는 시간은 가족과 다음 세대를 잇는 소중한 연결 고리로 바뀔 것이다.

4. '그냥 묻어 두는 게 더 나은 것도 있지 않을까.'

말할 준비가 안 되었거나 말하고 싶지 않은 일들도 있을 것이다. 어떤 일에 대해 이야기하면 누군가에게 상처를 주지 않을까 걱정스러울 수도 있다. 그건 당신만이 결정할 수 있다. 자신의 이야기를 기록하는 지극히 개인적인 글쓰기에서 숨겨 온 어떤 이야기를 쓰다 보면 그것이 당신이 생각하는 것보다 그리 어렵지 않은 일임을 발견하게 될 것이다. 또는 가능하리라 여기지 않았던 어떤 결심을 하게 될 수도 있다.

비밀로 하겠다고 누군가와 약속했을지도 모른다. 그 약속을 계속 지키는 것이 중요하다고 생각할 수도 있다. 그러나 어떤 경우에는 고려해야 할 다른 요소도 있음을 발견하게 될 것이다. 어쩔 수 없이 비밀을 지켜야 한다고 생각했을 수도 있고, 그때는 너무 어려서 그 약속이 어떤 의미인지 제대로 이해하지 못했음을 깨달았을 수도 있다. 한때 숨겨야 한다고 여겼던 것이 시대가 바뀌어 이제는 털어놓는 편이 좋겠다고 느낄 수도 있다. 지켜 온 비밀을 밝히는 것이 비슷한 상황에 처한 누군가에게 도움이 될 수도 있겠다고 생각한다면, 관련된 사람을 밝히지 않고 상황을 설명하는 방식으로 비밀을 이야기하면 된다.

지금껏 밝힌 적이 없는 어떤 일을 말하는 경우, 과거의 행동이나 사건으로 어려움에 처했거나 혼란스러워 하는 사람에게 좋은 판단의 기준이 될 수 있다. 고통스런 일을 회상할 때에는, 시간이 흐르면서 얻게 되는 지혜를 활용하여 고통을 덜어내고 새로운 시각에서 자신과 사건을 바라볼 수 있다. 기적처럼 용서의 힘과 마음의 평안을 얻을 수도 있다.

글을 쓰는 동안 자신의 삶과도 화해할 수 있게 되므로, 다른 사람에게 도움을 주듯 자신에게도 도움을 주게 된다.

힘들고 고통스러웠던 시기를 되돌아보며, '내 이야기를 다른 사람들과 나누는 것이 아픔이 아니라 도움이 될까? 상처를 주는 것이 아니라 상처를 치유하는 일이 될까?' 생각해 보자. 선택은 물론 당신에게 달려 있다.

자, 이제 마음의 정리가 되었는가? 그렇다면 온갖 걱정거리를 뒤로하고 글쓰기를 시작해 보자.

글쓰기 연습

먼저 글을 쓸 노트를 선택하도록 한다. 이 노트는 자서전을 완성해 가는 처음부터 마지막까지의 모든 손길이 배게 될 당신만의 공간이다. 거창한 장식 없이 사용하기에 적당한 크기를 고르면 된다. 자신이 좋아하는 색깔의 두꺼운 표지에 튼튼하게 제본된 책 모양의 노트를 고른다면 오래도록 보관하는 데 도움이 될 것이다. 산화 방지 처리가 되어 있는 종이로 된 노트라면 더욱 좋다.

시간이 흐르면서 표지를 멋지게 꾸미고 싶은 마음이 들 수도 있다. 이름을 써 넣거나 사진을 붙일 수도 있다. 사진은 그냥 붙여도 좋고 사진을 위한 공간을 따로 마련해도 좋다. 표지 안쪽에 큰 봉투를 붙여 사진이나 오래된 편지를 꽂아 두어도 좋다. 가장 중요한 것은 자신이 좋아하는 것을 선택하는 것이다.

컴퓨터 앞에 앉아 자신의 이야기를 시작하는 분들도 많을 것이다. 자신이 자주 쓰고 좋아하는 프로그램을 선택해 원하는 책의 크기에 맞춰 본문 사이즈를 정하도록 한다. 특별히 원하는 레이아웃이 있다면 미리 솜씨를 발휘해 보아도 좋다. 여러 개의 파일에 글을 나누어 쓰게 될 경우를 대비해 따로 폴더를 지정해서 잘 정리해 두는 것이 필요하다. 컴퓨터가 갑자기 말썽을 일으키거나 파일에 오류가 생길 경우를 대비해 수시로 백업을 해 두는 일을 잊지 말자. 잘못하면 소중한 유산이 한순간에 날아가 버릴 수도 있다. 온라인 저장 장소나 외장하드, CD 등을 활용해 수시로 백업을 해 두도록 한다.

다음으로 시간과 장소를 선택한다. 편안함을 주고 가끔 공상에 빠지는 곳은 어디인가. 회상하고 글을 쓰는 데 가장 편안하고 만족감을 느낄 만한 곳을 선택하라. 가벼운 음악을 틀어 놓는 것도 과거를 돌이켜 보는 데 도움이 될 수 있다. 마음이 편안할수록 회상도 잘 된다. 어떤 기운이 느껴질 때 글을 써야 한다고 생각한다면 그러한 기운에 주의를 기울여 보라.

계획성 있게 글을 쓰는 것도 좋다. 이를테면, 아침에 일어나서 가장 먼저 30분간 글쓰기, 이틀에 한 번씩 매일 밤 10시와 11시 사이 또는 일요일 저녁이나 밤늦게 차 마시는 시간에 하기 등으로 일관성 있게 말이다. 언제 어디서든 자신을 만나는 시간, 그리고 이 책을 만나는 시간을 정해 두기 바란다. 어쨌거나 그 시간만큼은 꼭 지켜야 한다. 비록 그 순간에 어떤 기운이 느껴지지 않더라도 말이다.

이제 시작하는 기술을 살펴보자. 먼저, 앞에서 보았던 '왜 쓰는가'와 '왜 망설이는가'라는 두 가지 질문을 던지며 시작하라. 그런 다음 세 번째로 이 질문을 생각해 보라. '가장 어릴 때의 기억은 무엇인가?'

이 책을 따라 실천해 본 많은 사람들이 다음과 같은 간단한 연습을 하는 것이 큰 효과가 있었다고 말해 주었다.

당신의 노트를 무릎이든 책상이든 어딘가에 올려놓은 다음, 이 책을 가까이에 두고 먼저 어떤 이야기로 글을 시작하고 싶은지 생각하라. 눈을 감고 숨을 깊이 들이마신 다음 조용히 "자, 마음을 가라앉히고"라고 속삭이면서 천천히 숨을 내쉰다. 이것을 여러 번 반복하다가 "자, 마음을 가라앉히고"라는 말을 "나는 기억한다."는 말로 바꾸어 보자. 그대로 눈을 감은 채 어릴 적 좋아했던 애칭으로 자신을 부르며 선택한 질문을 스스로에게 던져 보자. 그 시절로 되돌아가서 당시 모습이 그려지고 소리가 들려오며 그때의 향기 또는 친숙한 무언가가 느껴지면 눈을 뜨고 글을 쓰기 시작하라. 이런 연습을 하며 앞으로 이어질 실제 자서전 쓰기 부분을 시작하면, 마음을 집중하고 잡다한 여러 생각과 행동에서 빠져나오는 데 도움이 될 것이다.

이 연습에서 중요한 것은, 스스로 선택한 질문과 관련하여 맨 먼저 떠오르는 자신의 모습을 간단히 적어 두는 일이다. 스스로에게 질문할 때 가장 먼저 마음속에 떠오르는 장면은 어떤 것이든 좋다. 예를 들어, 한 여성은 "할머니나 할아버지를 방문하는 일은 당신에게 어떤 일이었는가?"라는 질문에 대해 처음 떠오르는 이미지를 그 페이지의 맨 윗부분에 써 두었다.

할머니… 휴일… 일요일: 조용히 해, 맨발로 다니면 안 돼, 가만히 앉아 있어, 곱슬곱슬한 흰 머리, 가볍고 상쾌한 향수, 짧은 미소, 자리 정돈하기, 잔소리….

그때 그녀는 한 가지 생각, 즉 일요일에 집중하여 글을 쓰기 시작했다. 그러자 다른 모습들이 나타나 기억이 살아나고 아주 세세한 장면도 떠올리게 되었다.

매주 일요일, 우리 가족 모두는 할머니 댁을 방문했다. 우리는 늘 거기 가면 심심하다고 징징댔고, 어머니는 늘 "힘든 건 딱 15분이고 그 후에는 자유롭게 놀 수 있으니까."라고 말했다. 우리는 따끔거리는 양모 의자에 앉아 할머니의 질문 세례를 견뎌야 했다. 우리는 할머니가 당신이 대답하라고 할 때까지 우리가 조용히 있기를 바란다는 것을 알고 있었다. 또한 우리가 조심해서 행동하지 않으면 잔소리의 빌미를 제공하게 되리라는 것도 알고 있었다. 어머니는 우리가 뭐라고 말해야 할지 생각해 내려고 애쓸 때마다 늘 좋은 말로 우리를 변호해 주셨고, 아버지는 우리를 바라보면서 너무 심각하게 받아들이지 말라고 윙크를 보내 주셨다.

할머니의 질문을 공손하게 잘 받아넘기면 부엌으로 가서 우리에게 항상 잘 대해 주는 아멜리아가 만든 쿠키와 콜라를 먹을 수 있었다. 그때부터 우리는 어른들로부터 완전히 잊힌 채 마음대로 뛰놀고 소리 지르며 정원 여기저기를 헤집고 다닐 수 있었다. 어른들이 이야기하는 동안 눈에 띄지만 않으면 다락방을 비롯하여 이 방 저 방을 마음대로 휘젓고 다닐 수 있었다.

나는 할머니의 얘기를 모두 믿지는 않았지만, 친절하게 말씀해 주실 때에는 그런대로 마음 놓고 들을 수 있었다. 아버지는 나에게 "그냥 그분은 달리 어떻게 얘기해야 할지 몰라서 그러시는 거야."라고 말씀하셨다. 나 스스로도 그렇게 되뇌곤 했지만 효과가 그리 오래가지는 못했다. 나는 혼자서 할머니 앞에 붙들려 앉히는 불행한 일이 없도록 눈치껏 최선을 다했다.

이렇게 처음 떠오른 생각이나 인상을 간단히 적어 두는 방법은 주제가 너무 크고 아득하게 느껴질 때 많은 도움이 된다. 작은 단편들을 적어 두는 것은 기억이 자연스럽게 흐르도록 하는 데 도움이 되기도 한다.

어떤 시간이나 사건을 써 나갈 때 도움이 되는 다른 방법은 그것을 마치 지금 겪고 있는 것처럼 생생하게 구체적으로 묘사해 보는 것이다. 어릴 적 기억의 단편들로 글을 썼던 앞의 여성은 다시 일곱 살 아이의 관점으로 돌아가려고 했더니 더 자세한 것들이 기억났다고 했다. 그녀는 편안한 마음으로 눈을 감고 몇 분간 가만히 앉아서 어릴 적 자신의 모습을 떠올려 보았다. 아주 어릴 적 할머니의 거실에 앉아 있던 아이, 바로 자신의 모습이 나타날 때까지 말이다. 그런 다음 천천히 눈을 뜨고 글을 쓰기 시작했다.

그때 나는 일곱 살이었다. 시선을 창밖에 둔 채 어색하게 앉아 있는데 소파의 까칠한 천에 맨 다리가 닿아 따끔거렸다. 할머니 댁을 방문하는 건 역시 좋은 일이 아니었다. 아니 그보다는 바로 우리의 요새 안에서까지 옷을 거추장스럽게 차려입고 신발까지 신고 있어야 한다는 게 더 불행한 일이었다. 남동생은 바닥을 바라보며 눈알을 굴리고 있었고, 여동생은 우리 둘 다를 애써 무시하며 웃음이 터지지 않도록 표정을 관리하고 있었다. 할머니가 여동생에게 질문을 던지고 있었기 때문이다. 학교에 대해서 말이다.

잠시 어제 학교에서 본 실험실 토끼 해부 사진에 생각이 빠져 있는데 질문이 내게로 왔다. 학교에 대한 것이라면 상관없는데 할머니는 내게 방을 깨끗이 청소하는지 물었다. 동생들에게는 방 청소에 대해 묻지 않았다. 아주 오래전 내가 집에 없을 때 내 방을 보신 적이 있는데 물건들이 여기저기 널려 있고 깨끗하지 않은 상태였다. 할머니는 그때 나를 '넝마주이 사촌'이라고 불렀고 이후로 나를 볼 때마다 방 청소를 잘하는지 물으셨다. 안타깝게도 그날도 나는 방이 깨끗하다고 말할 수 없는 형편이었다. 사실 그 이후로도 늘 정리하지 않고 지냈기 때문이다. 내가 깨끗하지 않다고 말하면 할머니는 더 야박하게 나를 꾸지람하고는 마치 엄마가 그런 어지러운 방을 쓰고 있기라도 한 듯 엄마를 바라보곤 했다. 나는 어떻게 말해야 할지 몰라 엄마 쪽으로 살짝 고개를 돌렸다. 할머니가 어색해질 듯한 질문을 하거나 내가 뭐라 대답해야 할지 몰라 당황스러울 때면 나는 엄마만 바라보았다. 그러면 엄마는 나를 향해 미소 짓고는 재빨리 내가 잘하고 있는 무언가를 이야기해 주셨다.

아빠는 다리를 꼬고 발을 가볍게 흔들며 조용히 앉아 계셨다. 뭔가 재미난 걸 구경하시는 듯 얼굴에 미소를 머금은 채. 아빠는 나를 향해 미소 짓고는 소리 없이 웃으셨다. 할머니는 아빠의 모습을 보지 못하셨지만 나는 아빠를 다시 바라보지 않는 편이 나았다.

이제 거의 다 끝났을까, 빨리 그 자리에서 벗어나 아멜리아가 기다리는 부엌으로 가고 싶었다. 아멜리아는 우리를 반갑게 맞으며 안아 줄 것이다. 콜라도 준비하고 있을 테고 어쩌면 정성스런 선물처럼 보이는 그 작은 케이크를 줄지도 모른다. 나는 그런 것들이 너무 좋다. 아멜리아는 우리를 만나는 걸 매우 행복해 했다. 엄마는 할머니께서 이렇게 말씀하셨다고 했다.

"애들이 나보다 아멜리아에게 더 관심이 있는 것 같다는 생각이 종종 드는구나."

나는 도서관을 아주 좋아했다. 사서인 페이지 언니도 참 좋아했다. 나는 페이지 언니를 도와 일을 하고 있었다. 할머니께서 물으셨다.

"네 엄마 말로는 학교 도서관에서 일을 돕고 있다더구나."

"네."

나는 엄마를 향해 미소를 지었다. 이건 좋은 거야!

"도서관을 가까이 하는 건 중요한 일이지. 그 많은 책들을 깨끗하게 책장에 정리하는 일은 참 좋을 것 같다는 생각이 드는구나. 그렇지?"

"네."

나는 조심스럽게 대답하고는 엄마를 바라보았다. 그리고 숨을 죽이고 기다렸다. 마치 온 바닥에 책이 어지럽게 흩어져 있는 방 한가운데에 서 있는 것 같았다. 시간은 왜 이리 더디게 가는 것일까 하고 생각하던 순간 마침내 할머니는 우리가 고대하던 말씀을 하셨다.

"아멜리아가 너희를 위해 부엌에 뭔가를 준비했을 거다. 그만 나가 보거라."

이제 할머니의 차가운 볼에 키스만 하고 나가면 되었다. 달리지 말고 걸어야 해. 남동생은 발꿈치가 바닥에 먼저 닿으면 걷는 거라 했다. 엄마는 우리에게 조용히 그리고 어깨를 펴고 똑바로 서서 서로 밀치지 말고 움직이라고 하셨다. 어쨌거나 우리는 복도 끝 코너를 돌자마자 달리기 시작할 것이다. 아멜리아가 있는 부엌으로 말이다.

이런 짧은 기억들이 그녀가 간직하고 있는 할머니에 대한 인상을 온전히 대변해 주지는 않는다. 그녀는 이후 스물한 살 때를 서술하면서 상당히 다른 관점으로 할머니에 대해 글을 썼다. 자서전을 쓰다 보니 할머니에 대해, 그리고 할머니가 사신 삶에 대해 좀 더 자세히 알고 싶은 마음이 생겨났고 할머니를 다양하게 이해하고 바라볼 수 있게 된 것이다. 자신의 삶을 글로 옮기다 보면 어떤 주제나 사람에 대해 폭넓은 각도에서 바라보고 설명할 기회를 얻게 된다. 그러다 보면 기억하고 있는 단편들을 넘어 전체적인 모습이 그려지게 된다.

어떤 한 주제에 대해 글을 쓰다 보면 그와 연관된 새로운 생각과 주제가 떠오르는 경우도 있다. 이때는 간간이 떠오르는 생각을 적절히 메모해 두자. 그러면 나중에 그것을 단서로 소중한 많은 기억을 떠올릴 수 있다. 추수감사절에 대해 글을 쓰던 어떤 사람은 삼촌이 새로운 차를 타고 왔는데 그 차가 가족의 유일한 차였다는 사실을 기억해 냈다. 그리고 나중에 그 차에 대한 기억을 하나하나 되새겨 보면서 자신이 그 차의 뒷좌석에 앉아 떠났던 여름날의 특별한 가족 여행도 기억해 냈다. 차를 타고 삼촌의 장례식에 간 일이라든지 졸업식에 간 일도 떠올렸다. 그리고 이런 단편적인 기억들은 가족에 대한 소중한 추억과 젊은 시절의 꿈을 자세히 그려 낼 수 있도록 만들었다.

일상의 소소한 일들이 흥미롭지 않게 여겨질 수도 있다. 중요하지 않게 여겨질 수도 있다. 그러나 당신 자신은 소중하다. 그러한 것에 관심을 두기 바란다. 당신의 글을 읽는 독자는 일반적인 설명보다 그런 작은 이야기에서 큰 의미를 발견하게 될 것이다.

"난 루이제 숙모가 참 따뜻하게 느껴졌다."라든가 "난 혼자 있고 싶지 않았다." 같은 글을 썼다면 왜 그렇게 느꼈는지에 대해서도 구체적으로 말해야 할 것이다. "루이제 숙모는 무엇을 했던가." "숙모의 어떤 점 때문에 나는 항상 숙모랑 함께 있고 싶어 했나." "혼자 있을 때는 어떤 느낌이었고 무슨 일이 일어날 거라 생각했는가." 기억하고 있는 것에 확신이 서지 않는다면 이런 말들로 시작해 보자. "내 기억으로는….","떠오르는 것이 있는데….", 또는 "막 다른 일이 생각났어." 글쓰기가 당신의 마음을 자유롭게 탐색하도록 하라.

자서전을 쓰기 위한 질문

다음 장에서부터 본격적으로 제시될 질문들은 무척 유용하다. 각 질문 모두 특별한 의미가 있고 때때로 미묘한 차이도 내포하고 있다. 그런 질문들이 어떻게 당신의 모든 이야기를 이끌어 내는지 살펴보라. 때로는 이야기 하나를 쓰면서 둘이나 세 가지 질문에 한꺼번에 답하게 될 수도 있다. 그러다 보면 질문을 건너뛰게 되는 경우도 생길 것이다. 어떤 상황에서든 연대순으로 정렬해서 글을 써 나가도록 하자. 그러면 기억하기도 좋고 의미가 좀 더 명확한 글이 될 수 있다.

처음 몇몇 질문을 읽어 보며 여전히 망설이는 마음이 들거든, 어느 시기이건—어린 시절이건, 청소년기이건, 결혼 이후이건— 관계없이 기억을 자극하여 갑작스레 옛 생각을 불러일으키는 질문을 고르도록 한다. 거기서부터 시작하여 그 질문을 중심으로 고민하다 보면 맨 처음 질문부터 모두 답할 수 있게 될 것이다.

대답할 준비가 되어 있고 쓰고 싶다고 생각하는 내용을 선택한 후, 그 질문 내용을 언급하며 글을 쓰도록 한다. 이때 단답형의 대답은 피하기 바란다. 그러한 대답은 읽는 이를 캄캄한 미로로 이끌 뿐이다. 당신의 독자들은 어떤 일이 일어났는가 하는 사실뿐 아니라 그때 어떤 느낌이었는지도 궁금해 한다는 것을 늘 기억하라.

다음 장에 제시된 질문을 따라가며 좋아하는 작가들의 글을 읽다 보면 조금씩 글도 써지고 용기도 생길 것이다. 또한 자신의 기억과 글을 기꺼이 공유하고자 노력해 온, 이 책에 등장하는 사람들이나 내가 10년 이상 만나 온 사람들의 이야기를 읽다 보면 자신의 삶을 기록하는 일이 더욱 흥미롭게 느껴질 것이다. 그들의 이야기는 내게 매번 큰 감동을 주었다. 나는 그들의 이야기를 자세히 듣고 싶어서 좀 더 상세하게 글을 남기도록 부추겼다. 그리하여 우리는 더 많은 이야기를 나누게 되었다. 일흔네 살의 한 부인이 남편과의 우정에 대해 쓴 글을 읽다 보면 마치 엊그제 일처럼 생생하게 다가온다. 이야기를 마친 그녀는 잠시 조용히 앉아 있다가 이렇게 말했다.

"나 새로운 언어를 발견한 것 같아요."

본격적인 글쓰기

바로 앞에 독자를 앉혀 두고 이야기하듯이 자연스러운 스타일로 글을 쓰라. 당신만의 언어가 진실한 이야기를 만든다. 당신의 자서전을 읽는 이들 중에는 당신을 전혀 모르는 사람도 있을 수 있으므로 글이 당신과 나누는 유일한 대화임을 명심해야 한다. 매일 조금씩 꾸준히 쓰기 바란다. 글을 쓰다 보면 나름의 리듬도 생길 것이다. 기억하라. 자신의 이야기를 쓰는 것이지 문학작품을 창작하는 것이 아니다. 내면에서 울려 나오는 비평은 잠시 한쪽에 붙들어 두고 글을 쓰도록 하라.

때로 글쓰기가 막히는 경우도 있을 것이다. 그럴 때에는 이야기하려는 시절이나 사람들과 관련된 사진을 보거나 당시의 물건을 만져 보라. 오래된 편지를 읽거나 졸업앨범을 들춰 보거나 그 시기에 유행한 노래를 들어 보는 것도 좋다. 글을 쓸 때 여러 시기를 한번에 서술하는 것이 아니라, 인생의 한 시기에만 집중해서 쓰면 세세한 것이나 감정을 더 많이 기억해 낼 수 있다. 몇 주 동안 그 시기에 대해서만 글을 쓸 수도 있다.

지금 건너뛴 질문은 나중에 꼭 답을 하도록 하라. 그때쯤에는 아마 대답이 생각날 것이다. 그러나 모든 질문에 답을 해야 한다고 스스로를 압박하지는 마라. 이것은 당신의 이야기다. 이 책의 질문들은 인생에서 중요한 것을 기억하도록 자극하기 위한 수단일 뿐이다.

인생의 여러 가지 것과 그것이 자신에게 의미하는 바를 생각해 보기 바란다. 집, 장난감, 자동차, 책, 주고받은 특별한 선물은 단순한 물건이 아니라 기억의 창고로서 감정을 풍부하게 만든다.

애정어린 마음으로 자신 있게 스스로를 돌이켜 보고 마음에서 우러나오는 글을 쓰라. 그러면 언젠가 그 누군가가 당신의 자서전에서 이해심과 애정, 자신감과 포용심을 얻을 수 있는 단서를 발견할 것이다.

이 책을 어떻게 읽을 것인가

 마지막으로 일러두고 싶은 것이 한 가지 있다. 내가 이 책에서 '부모'라고 말할 때, 스스로에게 물어보라. "누가 나를 키웠는가?" 어쩌면 어머니와 아버지만이 아닐지도 모른다. 자신이 자라 온 시간에 대해 쓸 때 이 질문을 활용해 보라. 내가 '조부모'라고 말할 때, 그분들은 '조부모님과 같은 역할을 한 분들'이었을 수도 있다.

 많은 이들이 아이를 직접 키우지는 않지만 아이의 삶에 중요한 역할을 하며 사랑을 준다. 이 책의 '부모가 되어'와 '할아버지, 할머니가 되어' 부분을 참조하여 그러한 관계에 대한 글을 쓰라. 이는 모든 관계에 적용된다. 자신이 살아온 삶에 맞게 쓰면 된다.

이 책에 나오는 '결혼'은 오래 지속된 모든 관계를 말한다.

이 책에서 말하는 특정한 경험이나 장소는 여러분이 가 보거나 겪은 것—가정, 결혼, 학교, 직업 등 모든 것을 말한다.

꼭 기억해 주기를!

이 책은 당신을 위한 책이다. 당신에게 도움이 되도록 하라.

내 인생의 자서전 쓰기

• 2부

○ ○ ○
나의 출생과 어린 시절

나는 어렸을 때부터 부모님의 어린 시절이 궁금해서 이것저 것 꼬치꼬치 캐물었다. 그런데 그때마다 돌아오는 대답은 그다 지 만족스럽지 못했다. 나는 어머니를 따라다니며 꽤 성가시게 졸라 댔다.

"말은 어디서 탔어요?"

"그냥 탔어."

그러면 또 아버지에게 물었다.

"카우보이 부츠도 신었어요? 올가미 밧줄도 휘둘렀고요?"

나는 혼자 킥킥대며 말을 이었다.

"정말 그랬어요? 그럴 수 있었어요?"

"네 맘대로 상상하지는 말거라."

아버지는 크게 미소를 지었지만 그다지 말씀이 없으셨다. 아버지는 말 위의 인생에 대해 내가 품고 있는 환상 속으로 좀처럼 다가오지 않으셨다.

때를 잘못 골라 물어볼 때도 있었지만, 그보다 어머니는 당신의 어린 시절에 대한 기억을 떠올리는 걸 그다지 달가워하지 않으셨다. 수년이 흐른 뒤에 어머니의 어린 시절을 그려 볼 수 있는 방법이 몇 가지 떠올랐고, 그리하여 어머니의 재미있고 사랑스런 어린 시절을 함께 나눌 수 있게 되었다. 또한 어머니가 당신의 어린 시절을 떠올리기를 망설이셨던 이유도 알 수 있게 되었다. 다행히 어머니와 아버지는 이후에 생각을 바꾸셨고 어린 시절의 기억을 하나씩 아이들에게 들려주기로 하셨다.

성장한 우리 아이들도 나에게 이것저것 물어 온다.

"엄마, 차 안에서 개구리를 놓쳤던 이야기 좀 해 주세요. 로디 삼촌이 저녁식사 자리를 우울하게 만들었던 일도요."

인생을 살아가면서 우리는 어린 시절의 이야기와 추억을 늘 되새기게 된다. 그것을 바꾸거나 잊어버림으로써 부정할 수도 있지만, 마치 마법에 걸린 것처럼 자신이 누구이고 어떻게 지금의 모습이 되었는지를 생각하다 보면 자연스럽게 어린 시절의 모습을 떠올리게 된다.

장 자크 루소는 이런 말을 했다.

"아이가 아이답고자 하는 것은 타고난 본성이다."

어린아이였을 때 우리는 그 자체로 존재하였고, 동시에 어떤 존재가 돼 가는 여정에 있기도 했다. 내 어린 친구 하나가 한번은 이런 말을 했다.

"제가 아이이기 때문에 좋은 점이 뭔지 아세요? 지금은 재미없고 신나게 매달릴 일이 없다고 해도 곧 기분 좋아질 어떤 일이 일어나리라는 것을 안다는 거예요. 이제 곧 저는 두발자전거를 탈 수 있을 거예요. 지금은 앞으로 가기만 하고 방향을 바꾸는 건 못하지만요. 이번 여름에는 수영도 할 거예요. 물속에서 눈을 뜨고 말이에요. 사실 지난여름에는 좀 무서웠어요. 그래서 지금 욕조에서 연습을 하고 있어요. 다른 것들도 물론 많아요. 하지만 지금은 자전거하고 수영에 대해 생각하는 것이 좋아요."

이 모든 것이 어린 시절에는 매우 중요하다. 우리 모두가 겪은 일이기도 하다. 당신은 어떠했는가?

당신이 어떻게 자랐고 무엇을 배웠는지, 어린 시절 당신은 어떠했는지, 이러한 것을 쉽게 떠올리고 말하는 데 도움이 되는 질문과 인용문을 참고하라.

❦ 모든 인생은 일어났던 사건이나 무대에 관계없이 고유의 가치를 지닌다. 누군가 자신의 경험을 정직하게 바라보고 지나치게 꾸미는 일 없이 기록한다면 다른 이들과 충분히 나눌 수 있다.

— 아이리스 오리고 Iris Origo, 자서전 『영상과 그림자 Images & Shadows』

1. 가족 계보에서 최대한 많은 이름을 기록해 본다. 부모님과 조부모님뿐 아니라 조상들에 대해 알고 있는 것과 들었던 것 모두에 대해 이야기해 보라. 태어난 곳을 비롯해 살았던 곳, 그리고 특별한 의미가 있고 중요한 날들도 모두 기록하라.

• 새로 글을 쓸 때에는 노트 페이지 맨 위에 인생의 어떤 시기에 대해 쓸 것인지를 기록한다. 페이지 가장 왼쪽 가까이에는 세로로 줄을 그어 시간대를 기록하는 공간으로 활용한다. 인생에서 가장 중요했던 시간을 적는 것이다. 언제 태어났고, 언제 학교에 들어가고 졸업했으며, 언제 이사했고, 언제 결혼했으며, 언제 직장에 들어갔는지 등을 기록한다. 물론 당신이 자서전 쓰기를 언제 시작하고 언제 완성했는지도 기록한다.

2. 언제 어디서 태어났는가? 탄생이나 유아기에 대해 들은 것에
   는 무엇이 있으며 누가 그런 이야기를 해 주었는가?

🌿 아마도 내가 아주 어릴 때였던 것 같은데 마치 봄날의 아지랑이처럼 아른거리는 기억 하나가 있다.

나는 나무 그늘 아래 유모차에 누워 있다. 맑지만 더운 여름날에 하늘은 푸르고 나뭇잎을 물들인 황금빛 태양이 우리를 비추고 있다. 유모차의 덮개가 들린다. 나는 그날의 찬란한 아름다움에 막 눈을 뜬다. 믿을 수 없을 만큼 커다란 행복감에 젖어 든다. 나뭇잎과 무성한 숲 사이로 빛나고 있는 태양을 마주 본다. 모든 것이 멋지고 아름다운 빛깔로 빛나고 있다.

— 카를 융, 『회상, 꿈 그리고 사상 Erinnerungen Träume Gedanken』

3. 가장 어릴 적 기억은 무엇인가?

• 어린 시절의 모습을 남기기 위해서는 친숙한 일상생활 모습을 그려 보는 것이 좋다. 당시 아이들은 대개 언제부터 학교에 다니기 시작했는가? 학교 갈 때나 뛰어놀 때 어떤 옷을 입은 것으로 기억하는가? 학교에서 주로 배운 과목은 무엇이고 어떤 놀이를 하면서 놀았는가? 어떤 장난감을 가지고 놀았고 어떤 것을 가지고 싶었는가? 멀리

갈 때는 어떤 차를 탔는가? 가장 좋아하는 음식은 무엇이었는가? 어른들은 어떤 종류의 옷을 입었는가? 좋아하지 않았던 것에 대해서도 허심탄회하게 이야기해 보라.

4. 어릴 때는 어디에 살았으며 누구와 함께 살았는가?

✑ 그 집은 아름다운 나무 무늬가 그대로 살아 있는 판자로 지어졌으며, 이중으로 된 지붕을 얹고 있었다. 언덕 비탈에 높이 솟아 있었는데, 집 앞에는 떡갈나무 한 그루가 떡 하니 버티고 있었다. 베란다는 양쪽으로 나 있었다. 창문 너머로는 울창한 덤불숲이 내다보였고 마당에는 꽤 깊은 우물이 있었다. 우리 이웃집들 주변으로는 넓은 공터가 있었다. 우리의 첫 집은 발라드베일의 떡갈나무 길에 있었다. 이곳에 이사 와 처음에는 모든 것이 잘 풀리는 듯했다.

— 루이스 보건 교수의 자서전, 『내 방의 여정 Journey around My Room』

5. 어린 시절에 살았던 집을 그려 보라.

• 마당과 방의 배치도를 그대로 복원해 보라. 기억에 남는 특별한 공간이 있는지 생각해 보라. 그곳에 살 때는 몇 살이었는가? 현관 앞에 서 있는 자신의 모습을 상상해 보라. 문손잡이를 잡고 당겨 보라.

그런 다음 천천히 집 안으로 들어가면서 눈앞에 보이는 것들을 묘사하라. 자신이 가장 좋아했던 공간에 대해 세세한 모습까지 가능한 한 많은 것을 떠올려 보자. 혼자 집에 있을 때는 주로 무엇을 했는가? 이제 밖으로 나와 집 주변을 돌면서 눈에 보이는 것과 가장 좋아했던 장소를 묘사해 보라. 네 살이나 다섯 살 때의 기억을 말해 보라.

✑ 다섯 살 때 정도로 기억한다. 안방 장롱 아래에 작은 서랍장이 달려 있었다. 양말 같은 걸 넣기 위한 공간이었을 것이다. 정사각형으로 꽤 깊숙이 들어가는 서랍이었다. 나는 일찌감치 그 서랍을 나의 것으로 만들어 버렸다. 달력을 깔고 그곳에 내가 좋아하는 물건들을 하나둘씩 보관하기 시작했다. 양초, 포장지, 인형, 장난감, 연필 등 온갖 것을 다 그곳에 보관했다. 가끔 정리도 하면서 필요하지 않다고 판단되는 것은 동생에게 넘겼다. 수시로 서랍을 열어 보면서 나는 웃음 짓곤 했다. 그곳은 내 어릴 적 마음의 보물창고였다.

— 옮긴이

6. 어디서 놀았는가?

- 가장 좋아했던 놀이 중 하나를 묘사해 보라. 어떤 놀이(소꿉놀이, 병원놀이, 식당놀이 같은)를 했던 것으로 기억하는가? 아이로서 가장 즐거

웠던 것은 무엇인가? 어떤 공상을 하였는가?

7. 어린 시절 가장 좋아했던 동물에 대해 이야기해 보라.

> 소년 시절을 함께 보낸 개는 우리에게 우정과 사랑, 죽음에 대해 많은 것을 가르쳐 준다. '올드 스킵(Old Skip)'은 내겐 형이었다.
> — 윌리 모리스 Willie Morris, 『나의 개, 스킵 My Dog Skip』

8. 당신의 별명은 무엇이었는가?

9. 학교는 언제부터 다니기 시작했는가?

- 학교와 관련된 가장 오래된 기억을 떠올려 보라. 학교에 처음 간 날을 기억하는가? 그때의 느낌은 어떠했는가? 주로 무엇을 배웠는가? 무엇이 재미있었고, 어떤 것이 흥미로웠는가? 첫 시험은 어떠했는가? 어려웠거나 무서웠던 것은 무엇인가? 가장 좋아하는 선생님은 누구였는가? 왜 좋아했는가? 초등학교 시절 가장 기억에 남는 것은 무엇인가?

> 학교는 이 여섯 살짜리 어린아이에게 무한한 세계를 열어 주었다.

—파블로 네루다, 『추억 Memoirs』

  ✑ 학교는 나에게 지루한 곳이었다. 시간을 너무도 많이 잡아먹었다. 차라리 그 시간에 전쟁 그림을 그리거나 불장난을 하며 놀았다면 더 좋았을 텐데.

—카를 융, 『회상, 꿈 그리고 사상』

10. 어린 시절 친구들은 누구였는가? 그 친구들과 함께 어떤 일을 하고 싶었는가?

-     가장 친한 친구는 누구였는가? 친구들과의 우정은 언제, 어떻게 시작되었는가? 그 우정을 통해 얻은 것은 무엇이었다고 생각하는가? 세월이 지나면서 그 우정은 어떻게 되었는가?

  ✑ 내가 어린 시절 사귄 친구들은 가족 이외에 나에게 가장 큰 영향을 끼친 첫 번째 사람들이었다. 그들은 집 밖의 세계를 만나는 지점이었고, 그 만남에서 배운 것은 평생 나와 함께했다.

—베티 콘웨이

11. 학교에서 집으로 돌아오면 무엇을 했는가?

● 집에 있는 사람은 누구였나?

12. 일상적인 식사시간의 모습을 그려 보라. 내 주위에 누가 있었는가? 주로 무엇을 먹었는가?
    ● 일상적인 저녁시간을 그려 보라. 토요일과 일요일은 어떠했는가?

13. 어릴 때는 주로 어떤 음악을 들었는가? 음악과 관련된 기억을 써 보라.

14. 어떤 읽을거리가 집에 있었는가?
    ● 어떤 책 또는 이야기를 가장 좋아했는가? 책을 읽어 준 사람이 있었는가? 어떤 느낌이었는가? 어디에서 책 읽을 때가 가장 즐거웠는가?

✎ 어머니는 늘 독서를 하셨다. 그때마다 조용히 눈으로만 읽는 법이 없었는데, 웃고 울고 불평하고 소리치면서 책을 읽어 가셨다. 집에는 도서관에서 빌려 온 책이 항상 높이 쌓여 있었다. 우리 다섯 남매는 책 주위에 옹기종기 둘러앉아 이야기 속 주인공들 얘기에

시간 가는 줄 몰랐다. 그렇게 모닥불을 쬐듯 모여 앉아 책 속의 철
자들을 쪼아 먹던 우리가 어느새 훌쩍 커 버렸다는 사실을 깨닫게
된 건 어머니의 쩌렁쩌렁한 책 읽는 소리가 갑자기 멈춰 버린 어느
날이었다.

— 란다 스펜스

15. 어린 자신에게 강한 인상을 남겼던 영화나 텔레비전 프로그램이 있었는가?

16. 학교나 지역공동체 활동에 참여한 적이 있는가?

17. 가족의 명절맞이는 어떠했는가? 가족 고유의 전통이 있었는가? 가장 두드러지는 명절에 대한 기억을 이야기해 보라. 가족들이 함께 모여 즐거워했던 때를 묘사해 보라.

18. 선물로 받은 것 중 가장 기억에 남는 것은 무엇인가? 가장 특별한 선물을 준 사람은 누구인가?

19. 집에서 '착하다' 는 것은 어떤 의미였는가?

20. 어린아이로서 내게 주어진 일은 무엇이었는가? 어린아이로서 내가 지켜야 할 일은 무엇이었으며, 그 일이 어떻게 느껴졌는가?

21. 어릴 때 앓았던 병 가운데 기억나는 것이 있는가? 홍역, 볼거리, 감기 등에 걸렸다면 누가 돌봐 주었고 돌보면서 무엇을 해 주었는가? 병원에 간 일에 대해 이야기해 보라. 무엇을 보고 느꼈는가?

22. 어린 시절 이웃이나 살고 있는 마을은 어땠는지 머릿속에 그려 보라. 그때의 기억 속으로 한번 찬찬히 걸어 들어가 보라. 무엇이 눈에 보이는가? 어린 시절 특별한 감정이나 의미가 있던 곳으로 가 보자. 그렇게 느꼈던 이유는 무엇인가?

- 살았던 곳에 대한 느낌을 계속 써 보라. 날씨는 어떠했고 지형은 어떠했는지, 지역 사회의 크기는 어떠했는지, 그리고 이러한 환경이 어린 시절에 어떤 영향을 미쳤는지도 써 보라. 가장 좋아했던 곳은 어디인가? 또 좋아하지 않았던 곳은 어디인가? 지금 생각해 볼 때 그 각각의 장점과 단점은 무엇이었는가? 그런 장소들이 오늘날의 자신을 만드는 데 어떻게 영향을 미쳤는가?

✿ 내 어릴 적 기억은 폭풍에 대한 것이 많다. 갑자기 억수같이 비가 쏟아지고 번개가 순식간에 하늘을 가르는…. 어릴 때 어머니와 나는 폭풍을 피해 여러 번 지하실로 내려갔다. 땅속의 그 작은 방은 나에게 잊을 수 없는 곳이다.

— 스콧 모마데이 N. Scott Momaday, 자전적 소설 『이름들 *The Names*』

23. 이웃에는 누가 살았는가? 그들은 당신의 가족과 어떻게 지냈는가?

24. 부모님이나 다른 어른들은 지역사회의 일에 어떤 방식으로 참여했는가?

25. 어린 시절 일어난 가장 역사적인 사건은 무엇이었고, 어떻게 그 사건을 접하게 되었는가?

26. 흥분되거나 모험심을 느꼈던 때에 대해 이야기해 보라.

27. 위험에 처했다고 느꼈던 때를 설명해 보라.

28. 거짓말을 해야 한다고 생각했던 때는 언제인가?

29. 부러움의 감정을 자극한 것은 무엇이었나?

30. 스스로에 대해 자신감을 얻은 때에 대해 이야기해 보라.
- 어린 시절, '나는 할 수 있다'고 느끼게 한 계기가 있었는가? 자신을 가장 자랑스럽게 만든 것은 무엇이었는가?

31. 어느 여름날을 회상해 보라.
- 잠자리에 들기 전에 하기 좋아했던 일들로 가득한 여름 저녁을 만들어 보라. 봄, 여름, 가을, 겨울, 각 계절 특유의 소리와 모습, 느낌을 기억하는가? 이들 각 계절의 기억과 특별한 인상을 골라내 글로 써 보자.

✍ 아버지에게는 몇 가지 취미가 있었는데, 그중 하나가 연 만들기였다. 겨울이면 늘 하루를 정해 연을 만드셨다. 아버지는 동네 꼬마들 모두에게 연을 만들어 주는 걸 즐기셨다. 우리에게 만들어 주신 연은 각 면이 세 뼘 정도 되었고 육각형 모양이었다. 크리스마스트리를 장식했던 천을 연결해서 화려하게 꾸며 주기도 하셨고, 창호

지를 사용해 가볍고 날렵한 연을 만들어 주기도 하셨다. 새 모양의 꼬리가 달린 연도 있었다. 작은 모양의 여러 장식이 줄에 매달려 하늘을 날 때 윙윙 소리를 내는 연도 있었다. 우리는 연들을 하늘에 띄운 채 실타래를 들고 길을 따라 내달렸다. 마당에는 아버지의 작업실이 있었다. 아버지께서 돌아가셨을 때 작업실에는 다가올 겨울을 대비한 연이 사오백 개나 만들어져 있었다.

— 스테렛 버지스 Sterrett Burges, 『운 좋은 소년 *One Lucky Fella*』

- 밤은 낮과 어떻게 달랐는가? 밤에 나는 소리로는 어떤 것이 있었는가?

32. 당신이 알았던 가장 사랑스러운 장소를 묘사해 보라.

- 어린아이인 자신을 가장 기쁘게 했던 것은 무엇인가? 영원히 함께하고 싶은 누군가 또는 무엇이 있었다면?

✐ 천국을 겪어 보지 않은 유년 시절은 없는 법이다.

— 리처드 코 Richard N. Coe, 『초목이 더 자랐을 때 *When the Grass Was Taller*』

33. 어릴 때 재미 삼아 하던 일 중 지금도 하고 있는 것 혹은 다시

해 보고 싶은 것은 무엇인가?

34. 비밀 이야기는 누구에게 했는가?
- 평온을 찾고 싶을 때는 어디로 갔는가? 어린 시절 용기를 주던 것은 무엇인가? 누구의 인정을 받는 것이 가장 중요했는가? 그 인정을 받기 위해 무엇을 했는가? 누군가가 자신을 보호하거나 옹호했던 때를 이야기해 보라.

35. 어린 시절의 영웅은 누구였는가?

36. 어린 시절 자신에 대해 가졌던 믿음에는 무엇이 있는가?

37. 자신을 특별하다고 생각했는가? 그런 생각을 갖게 해 준 사건이 있었는가?

38. 자신을 소중하게 느꼈던 때를 예로 들어 보라.

39. 사랑 받는다고 느꼈던 특별한 경험을 될 수 있는 한 정확하게 이야기해 보라.

- 인생을 살면서 사랑의 감정을 강하게 느끼게 해 준 사람은 누구인가? 평화롭다고 느낀 장소나 사람에 대해 묘사하려고 하면 무엇이 떠오르는가? 진정 의지할 수 있다고 느낀 사람은 어떻게 알게 되었는가? 당신이 좋아하는 사람에게서 어떤 애정을 받았으며 그 사람은 누구인가? 어떻게 칭찬받고 벌을 받았으며 그에 대해 어떻게 반응했는가? 정의와 불의에 대한 감정을 계발하도록 도와준 사람은 누구인가?

> 그녀가 내게 이야기를 들려줄 때면 나는 그녀 옆에 조용히 앉아 어깨에 기대기도 하고, 뒤에 웅크리고 앉아 등에 기대기도 했다. 그럴 때마다 그녀의 목이나 귀, 머리에서 은은하게 풍겨 나오는 향내를 맡곤 했다. 레몬 향이 나기도 했고 샐비어 향이 나기도 했으며 장미향이나 월계수향이 나기도 했다. 가끔은 그녀가 말하는 것이 하나도 들리지 않을 때도 있었다. 나는 그녀가 말을 하기 위해 입을 열고 닫고 또 웃는 것을 바라보는 게 마냥 좋았다.
>
> — 자메이카 킨케이드 Jamaica Kincaid, 『애니 존 Annie John』

40. 어떤 두려움을 느꼈는가? 두려움을 어떻게 숨겼는가? 두려움을 표현하면 보통 어떤 반응을 얻었는가? 공포감을 느꼈던 특별한 시간에 대해 이야기해 보라.

41. 아이로서 상처 받은 감정을 어떻게 숨겼는가? 드러냈다면 어떻게 드러냈는가? 크게 상처 받았던 때를 이야기해 보라.

　✑ 바람은 나를 꼼짝 못하게 만들었다. 옴짝달싹할 수조차 없었던 그때를 아직도 기억한다. 내 눈앞에는 오직 자갈들만 보이고 주위 아이들의 웃는 소리만 들려올 뿐이었다.

— 제임스 맥콘키 James McConkey, 『기억의 장 Court of Memory』

42. 어른들에게 실망한 때는 언제인가?

43. 부모님이나 조부모님 외에 어린 시절에 중요한 역할을 한 어른에 대해 이야기해 보라.

　✑ 어머니는 나의 정신적 스승이자 지금의 나를 있게 한 사람이다. 그런데 나는 어머니가 어디서 왔는지도 모른다. 우리와 함께한 시간 외에는 어머니에 대해 그 어떤 것도 알지 못한다. 어머니가 떠난 후로는 그분이 어떤 분이었는지 더더욱 모르게 되었다. 우리 모두에게는 아버지, 어머니가 계시지만 그분들은 우리 안에서 깊숙하고도 숨겨진 방식으로만 존재할 뿐, 그분들에 대해 실제로 알고 있는

것은 거의 없으니, 슬픈 일이다.

— 프레드릭 뷰크너, 『하나님을 향한 여정 *The Secret Journey*』

44. 가족의 영성적 삶에 대해 이야기해 보라. 종교 활동을 했는가? 가족 중 누가 그러했는가? 자신도 함께했던 모습을 그려 보고, 보고 듣고 느낀 것을 묘사해 보라.

45. 가족 중에서 특별한 재능이 있던 사람에 대해 이야기해 보라. 가족 중에 있었던 영웅이나 악당에 대해 들은 이야기가 있는가?

46. 가족 전체가 함께한 일이나 행사를 기억해 보라. 어른들은 그때 무엇을 했는가? 또 아이들은 무엇을 했는가? 기억에 강하게 남아 있는 장면을 서술해 보라.

47. 어릴 때 방학은 어떻게 보냈는가? 가족들은 휴가를 함께 보냈는가? 가장 즐겨 찾았던 장소를 이야기해 보라. 좋아했던 가족 여행에 대해 써 보라. 행복하지 않았던 장소가 있었는가?

48. 처음으로 가족과 멀리 떨어진 때는 언제였는가? 그때 느꼈던 감정을 묘사해 보라. 떨어져 있는 시간이 특별히 힘들었거나 즐거웠던 경우를 기억해 보라.

49. 가족이나 친지, 친구 중에 싫어한 사람은 누구였고 그 이유는 무엇이었는가? 좋아했던 사람에 대해서도 이야기해 보라.

50. 가족들 간에 서로 피한 이야기는 무엇인가?
 • 결혼이나 이혼에 대해 들은 것이 있는가? 정치에 대해 들은 것은 무엇인가? 집에서 성(性)에 대해 보거나 들은 것은 무엇인가? 돈에 대해서는 어떤 이야기를 들었는가?

51. 가족들이 지켰던 규칙은 무엇이었는가?

52. 대답을 듣지 못할 것 같은 질문에는 어떤 것이 있었는가?

53. 어릴 때 하고 싶었지만 할 수 없었던 일은 무엇인가? 그중 해서는 안 되는 것은 무엇이었나? 하고 싶었지만 어린아이의 능력을 벗어난 활동은 무엇이었는가?

54. 괴로웠거나 슬펐던 때를 기억해 보라. 어떤 일이 있었는가? 어떻게 대응했고 그것에 잘 대처하는 데 도움을 준 것은 무엇이었다고 생각하는가?

55. 죽음이라는 것을 처음으로 가까이 접한 때를 묘사해 보라. 무슨 일이 일어났고 사람들이 어떤 말을 나누었으며 당신에게는 무슨 말을 했는가? 무엇을 생각하고 느꼈는가?

    🌿 모두가 나에게, 너는 사라가 세상을 떠났을 때를 기억하지 못할 거라고 했다. 너무 어렸다고 말이다. 하지만 모두 틀렸다. 그때 나는 세 살밖에 되지 않았지만 그 일을 분명히 기억하고 있다.

                                                          — 레슬리

    🌿 나는 어머니의 얼굴을 내려다보았다. 몇 개월 동안 고통을 겪느라 지치고 많이 상했지만 온화한 얼굴이었다. 한때 아름다웠던 어머니의 뺨은 움푹 패어 있었지만, 그토록 잔혹한 죽음마저도 어머니의 섬세한 얼굴 윤곽과 길고 비단처럼 부드러운 눈썹, 보드라운 갈색 머리카락만큼은 앗아 가지 못했다.
나는 뭐가 뭔지 전혀 몰랐기 때문에 슬픔이 느껴지지 않았다. 그저 막연하게 불안했을 뿐이다. 엄마는 왜 가만히 있을까? 아빠는 왜 계속 우는 걸까? 나는 내 자그마한 손을 뻗어 엄마의 뺨에 댔다. 아직도 그때의 차가운 감촉을 느낄 수 있다. 방에 있던 누군가가 흐느끼며 말했다. "불쌍한 것 같으니라고." 어머니 얼굴에서 전해지는 차가운 감촉 때문에 무서워졌다. 나는 등을 돌려 애원하듯 아버지의 목에 팔을 둘렀고, 아버지는 내게 입맞춤을 해 줬다. 마음이 편안해진 나는 아버지에 이끌려 다른 곳으로 가면서 어머니의 온화하고 평온한 얼굴을 다시 내려다보았다.

— 루시 모드 몽고메리, 『루시 모드 몽고메리 자서전 *The Alpine Path*』

56. 조부모님의 삶에 대해 알고 있는 것은 무엇인가? 조부모님에 대해 특별히 무엇을 기억하고 있는가?

57. 조부모님은 당신에 대해 어떤 감정이었다고 생각하는가?
- 할머니나 할아버지를 방문하는 일이 당신에게는 어떤 일이었는가? 조부모님은 서로 어떻게 대했던 것으로 기억하는가?

할머니는 없어서는 안 될 존재였다. 우리 아이들 모두를 키우셨다. 책이 있던 그 자리, 또 숟가락이 있던 그 자리에 항상 계셨다. 할머니에게 키스했을 때나 손을 잡았을 때의 느낌은 기억하지 못하지만, 할머니가 뜨개질을 하시는 동안 내가 가끔 새 실타래를 쥐고 있었던 것은 기억한다. 할머니 무릎에 머리를 기대고 할머니가 들려주시던 성경 속 이야기에 귀를 기울이던 기억도 가슴속에 남아 있다.

― 엘리자베스 코츠워스 Elizabeth Coatsworth, 『개인의 지도 *Personal Geography*』

할아버지는 부드럽게 울리는 목소리로 나를 종종 '귀여운 내 새끼'라고 부르셨고, 차가운 눈빛은 눈물이 어려 흐릿해지곤 했다. 모든 사람들이 이렇게 너스레를 떨었다. "저 어린 것이 어르신을 미치게 만드네요." 할아버지는 나를 끔찍이도 예뻐하셨다. 다른 손자에게는 그렇게 많은 애정을 보이신 적이 없었던 듯하다. 사실 다른 손자들은 할아버지를 찾지 않았고 할아버지의 도움을 필요로 하지 않았다. 반면 나는 모든 것을 할아버지에게 의존했다. 할아버지는 한없이 넓은 아량으로 나를 존중해 주셨다.

― 장폴 사르트르, 『말 *Les mots*』

58. 어머니의 어린 시절에 대해서는 무엇을 들었는가?

59. 어릴 때 본 어머니가 일상적으로 했던 일에 대해 어떤 것을

알고 있는가?

❧ 어머니는 항상 일찍 일어나셨고 아무리 늦어도 자정 전에는 잠자리에 드셨다. 매일 아침 운동을 하셨는데 허리를 굽혔다 펴고 팔 다리를 주무르는 동작 등을 반복하셨다. 그때 나는 침대에 걸터앉아 다리를 흔들며 어머니를 바라보았다. 어머니는 선 채로 코티지cottage 치즈와 토스트를 드시면서 아침 신문을 읽었다. 그런데 언제나 커피를 끝까지 마실 시간은 없었다. 빠르게 몇 모금 마시고는 문을 나설 채비를 하셨다.

— 킴 셔닌 Kim Chernin, 『어머니의 집에서 In My Mother's House』

❧ 어머니는 작은 기술을 몇 가지 가르쳐 주셨다. 못을 박는 법이라든가 종이 보트를 만드는 법, 연필을 깎는 방법 등을 말이다.

— H. L. 멩컨 H. L. Mencken, 『시대의 선택 A Choice of Days』

• 어린 시절, 어머니는 당신에게 어떤 존재였던 것으로 기억하는가? 어머니에 대한 기억을 구체적으로 서술해 보라. 어린 시절로 되돌아가 어머니가 좋아하는 일을 하던 모습을 가만히 떠올려 보라. 어떤 일을 하고 계셨고 그때 어떻게 보였는가? 어머니를 바라볼 때 어떤 것

을 느꼈나? 어머니에게 가장 중요한 일은 무엇이었고 당신은 그것을 어떻게 알아보았는가?

60. 아버지의 어린 시절에 대해서는 무엇을 들었는가?

61. 어릴 때 본 아버지가 일상적으로 하셨던 일은 무엇이었는가?
   • 어린 시절, 당신에게 아버지는 어떤 존재였는가? 아버지에 대한 기억을 가능한 한 구체적으로 묘사해 보라.

> 그런데 다른 기억도 있다. 온몸이 뜨겁고 펄펄 끓는 열로 인해 잠을 잘 수 없었던 밤, 아버지는 나를 안고 집안을 서성이셨다. 아버지가 학생 때 좋아했던 노래를 부르시면서. 고요한 한밤에 나를 내려다보며 노래를 불러 주시던 아버지의 목소리를 나는 지금까지도 기억한다.
>
> ―카를 융, 『회상, 꿈 그리고 사상』

> 나는 그분을 사랑했다. 좀처럼 감정을 표현하는 분은 아니었지만 나에게 친절했다는 것은 알고 있다. 그분은 바로 나의 아버지셨다. 그렇지만 한편으로 그분을 두려워하기도 했다. 우리 사이에는

항상 그 무언가가 있는 것 같았다. 말로 표현하거나 만질 수 없는 무언가가 있었다. 우리는 타인이었던 것이다.

― 마이클 알렌 Michael Arlen, 『아라라트로의 여행 Passage to Ararat』

✒ 아버지는 가위를 사용해 내 오른손 손톱을 어떻게 다듬는지 가르쳐 주셨다. 그리고 손을 베이지 않고 잭나이프를 다루는 법도 가르쳐 주셨다. 나는 아버지에게 배운 것을 지금도 매일 반복하면서 살아가고 있다.
아버지는 토끼같이 코를 씰룩거려서 버니(bunny)로 불렀다.

― 엘윈 브룩스 화이트 E. B. White, 『화이트의 편지 Letters of E. B. White』

- 어린 시절 기억을 더듬어 아버지가 즐겨 하시던 일을 조용히 떠올려 보자. 무엇을 하고 있었고 어떻게 보이는가? 아버지를 바라보고 있을 때 어떤 느낌이 드는가? 아버지에게 가장 중요한 것은 무엇이었고 그것을 어떻게 알 수 있었는가?

62. 어린 시절 가족의 재정 상태는 어떠했던 것으로 기억하는가?
- 그 시절 부모님이 하시던 일과 관련해서 무엇을 보고 들었는가? 가족이나 일 외에 부모님의 주요 관심사는 무엇이었는가? 부모님

이 서로를 대하는 모습은 어떻게 느껴졌는가? 어린아이의 관점으로 볼 때 두 분은 행복해 보였는가? 슬퍼 보였는가, 화가 나 보였는가?

63. 부모님은 자식들에 대해 어떤 꿈을 가지고 계셨는가?

64. 어머니를 보면서 결혼에 대해 어떤 생각을 갖게 되었는가? 아버지를 보면서는? 부모님의 삶을 돌이켜 볼 때, 두 분이 삶에서 행복을 느꼈다고 생각하는가?

65. 형제자매들의 탄생에 대해 기억하고 있는 것이 있는가?

66. 형제자매가 있어서 기뻐한 때는 언제였는지 기억해 보라. 형제자매와 함께한 일을 말해 보라.

- 어린 시절 가족 내에서의 동맹과 경쟁 관계에 대해 말해 보라. 그 시절 이 관계는 어떤 식으로 변했는가? 당신은 어떻게 행동했고 상대는 어떻게 반응했는가?

✐ 오빠와 나는 늘 이런저런 일로 경쟁하기도 했고 싸움을 벌이기도 했다. 누가 더 큰 사과를 땄는지를 두고 며칠 동안 신경전을 벌

이기도 했고, 롤러스케이트 쥠쇠를 어디에 숨겼는지, 또 오빠가 내아기 때 사진을 어디에 두었는지 등을 놓고 몇 날 며칠 동안 다툼을 벌이곤 했다.

— 케이트 시몬 Kate Simon, 『브롱크스에서의 유년 Bronx Primitive』

67. 가족 중에서 누군가를 시기하거나 질투한 적이 있는가? 자신이 크게 화가 났을 때를 기억해 보라.

68. 당신 가족만의 독특한 점이 있었다면 그것은 무엇인가?

69. 지울 수 없을 만큼 강하게 남아 있는 어린 시절의 기억에는 어떤 것이 있는가? 어린 시절을 되돌아볼 때, 오늘날까지도 진정 가치 있다고 느끼는 배움과 깨달음에는 어떤 것이 있는지 말해 보라.

70. 어린아이인 자신을 돌이켜 보았을 때, 오늘날의 자신을 만든 밑거름이 된 행동과 경험은 무엇이었는가?

✎ 내가 쓴 글에 대해 처음으로 칭찬을 받았던 때가 기억난다. 어떻

게 잊을 수 있겠는가? 내가 열두 살 때였다. 나는 꽤나 많은 시를 써 놓았지만 다른 사람들의 눈에 띄는 것이 두려워 노심초사하며 꼭꼭 감춰 뒀다. 내 습작품에 대해 매우 민감해서, 다른 사람이 그것을 보고 비웃을지도 모른다는 생각을 견딜 수가 없었기 때문이다. 그러면서도 한편으로는 내가 쓴 시에 대해 다른 사람이 어떻게 생각하는지 알고 싶었다. 허영심에서가 아니라 편견을 배제한 공정한 관점에서 내 시가 읽을 만한 가치가 있는지 알고 싶은 강한 욕구를 느꼈기 때문이다. 나는 이런 욕구를 충족시키기 위해 꾀를 약간 부렸다. 지금 생각하면 무척 우습기도 하고 약간은 애처롭기도 하지만 당시에는 내내 법정에 서서 재판을 받고 있는 것처럼 느꼈다. 판결이 우호적이지 않았다면 영원히 내 꿈을 포기했으리라고 말하는 것은 과장일지 모른다. 하지만 얼마 동안은 내 꿈에 치명적인 영향을 미쳤을 것이 틀림없었다.

직업이 가수라는 한 여성이 우리 집을 찾아왔다. 나는 어느 날 저녁 그녀에게 '저녁 꿈'이란 노래를 들어 본 적이 있는지 쭈뼛거리며 물었다. 그녀가 들어봤을 리는 만무했다. '저녁 꿈'은 내가 지은 시로 내 걸작이라 생각했던 작품이었기 때문이다. 그 시는 현재 남아 있지 않고, 기억나는 내용도 앞의 두 연뿐이다. 그 두 연이 내 기억 속에 깊이 각인된 이유는, 그 손님이 '노래'의 가사를 아느냐고 내게 물었기 때문이라 생각한다. 손님의 물음에 나는 떨리는 목소리로 시의 첫 두 연을 낭송했다.

저녁 해가 서쪽으로
조용히 물러날 때
무지개의 영광을 뒤로 받으며
나는 앉아서 쉬네.

나는 현재와 미래를 잊어버리고,
다시 한 번 과거에 산다네.
지나간 아름다운 시절이
내 앞에 밀려오는 것을 보면서.

엄청나게 독창적이지 않은가! 게다가 열두 살짜리 아이에게 되돌아볼 기나긴 '과거'가 있다니 말이다!
나는 꽤나 긍정적인 의견을 기대하며 낭송을 마쳤지만 손님은 하던 일에 열중하느라 내가 안색이 창백해지고 몸을 떨고 있는 것조차 알아차리지 못했다. 내게는 무척이나 중요한 순간이었다. 손님은 차분한 음성으로, 노래를 들어 본 적은 없지만 '가사가 매우 아름답다.'고 칭찬했다.

물론 당시 그 손님의 태도가 진지했다는 점은, 문학평론가로서 그녀가 지닌 자질에 대해 고개를 갸우뚱하게 만드는 요소이기는 하다. 하지만 그녀가 한 말은 내가 여태껏 받아 온 칭찬 중에서 가장 달콤한 칭찬이었다. 그때만큼 달콤했던 순간은 없었을 것이다. 속에서 치밀어 오르는 기쁨을 표현하기에는 집이 좁게 느껴졌다. 집 밖으로 뛰쳐나올 수밖에 없었던 나는 가슴 터질 것 같은 기쁨에 온몸을 떨며 자작나무 아래로 난 길을 춤추며 내려가면서 그 손님의 말을 소중하게 가슴에 품었다.

아마 그해 겨울에 공들여 '저녁 꿈'을 완성해서 종이 양면에 적은 후 우리가 구독했던 「하우스홀드」의 편집자에게 보낼 용기를 냈던 것도 그때 들었던 손님의 칭찬 때문이었을 것이다.

— 루시 모드 몽고메리, 『루시 모드 몽고메리 자서전』

71. 어린 시절부터 간직하고 있는 물건이 있다면 그것은 무엇인가? 그것을 만졌을 때는 어떤 느낌이고 무엇을 기억하게 하는가? 오래도록 간직하고픈 물건에는 무엇이 있는가?

72. 즐겨 떠올리는 어린 시절의 추억은 무엇인가?

❧ 인생에서 좋은 추억만큼 고귀하고 강하며 유익하고 유용한 것은 없다는 사실을 기억하라. 특히 어린 시절, 고향집에서 보냈던 날들의 추억 말이다. 우리는 교육에 대한 많은 얘기를 접하지만, 어린 시절부터 간직해 온 아름답고 성스러운 기억이야말로 최고의 교육일 것이다.

― 알료샤, 도스토예프스키의 『카라마조프가의 형제들』 중에서

73. 어린 시절의 자신을 그려 보라. 그런 다음 그 아이 앞에 지금의 당신이 서 있는 모습을 상상해 보라. 당신을 바라보고 있는 그 아이에게 무엇을 이야기하고 싶은가?

○ ○ ○

청소년기

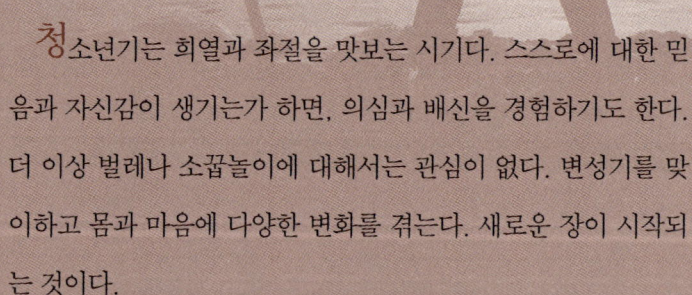

청소년기는 희열과 좌절을 맛보는 시기다. 스스로에 대한 믿음과 자신감이 생기는가 하면, 의심과 배신을 경험하기도 한다. 더 이상 벌레나 소꿉놀이에 대해서는 관심이 없다. 변성기를 맞이하고 몸과 마음에 다양한 변화를 겪는다. 새로운 장이 시작되는 것이다.

이 시기에 우리는 아이와 성인의 경계 사이에서 그 어느 곳을 향해서도 자신 있게 발걸음을 떼지 못한 채 양쪽을 모두 갈망하며 방황한다. 신체도 새로운 영역을 향해 가고 있음을 알려 오지만 종종 자신이 어디에 있는지 모른 채 혼란스러워 한다. 밤낮으로 자신의 존재를 일러 줄 것 같은 여러 실마리에 민감하게 반응하며 가능성을 찾아 시험한다. 내면적·외면적인 탐험을 거듭하며 갈망과 혼동, 분노와 열광, 고통과 사랑, 두려움의 감정적 언덕과 골짜기를 오르내린다. 스스로 강하다고 느끼기도 하지만 대단히 유약하게 느끼는 경우도 자주 있다.

나는 이 시기의 나를 여러 빛깔의 모래알이 혼재되어 있는 유리병처럼 상상하곤 한다. 이상에 대한 갈망, 비교와 의심, 확신과 환상, 순수한 열망 같은 여러 감정적 요소들이 복잡하게 섞여 있는…. 어린 시절의 달콤함에서 벗어나기 싫어 우물쭈물하면서도 어른스런 것들에 눈길을 주는 이중적 마음이 갈등을 빚으며 충돌한다. 누군가가 나를 알아주었으면 하는 마음에 이런저런 특별한 차림새를 하면서도 동시에 아무도 나를 알아보는 사람이 없는 곳으로 떠났으면 하는 은밀한 바람도 있었다.

많은 것들이 바뀌었다. 그 시절 소녀들은 점심시간에 운동장을 한 바퀴씩 돌아야 했지만, 이제 그런 일은 없어졌다. 방학 동안 바다에서 몇 시간씩 수영하기 따위의 과제도 더 이상 없다. 요즘 청소년들은 좀 더 근사한 선탠을 위해 서로의 등에 오일을 발라 주느라 바빠졌고, 방학을 맞아 짧은 해외 유학이나 여행을 다녀오기도 한다.

나는 롤러스케이트와 자전거 타기를 즐겼고, 여럿이 어울려 학교에 가면서 체리 콜라와 프렌치프라이를 먹곤 했다. 그러다 마침내 자동차 운전면허증을 갖게 되었을 때 영화와 풋볼 게임을 즐겨 보러 다녔고 자동차 극장에서 맥주를 홀짝였다. 그저 차를 몰고 도시 여기저기를 돌아다니기도 했다.

그러면서 점차 예전의 친구들과 뭉치는 일이 줄어들었고 사춘기를 통과하면서 새로운 친구들이 생겨났다. 어머니가 '더욱 세련된' 것이라고 표현하시는 것들에 이끌렸다. 시간이 지나면서 데이트도 하기 시작했다. 어떤 만남은 꽤 오래가기도 했다. 한동안은 나보다 나이가 한참이나 많은 남자친구를 사귀기도 했다. 덕분에 나는 어른이 된 기분이었지만 확신하건대 부모님은 불안해하셨다.

어느 날 밤 나이가 한참 많은 남자친구의 빈 집에서 파티가 있었다. 그의 부모님은 이미 이사를 가신 뒤였고, 그도 곧 새 집에 합류해야 했다. 나도 나중에야 알게 된 사실이었지만, 그 집은 더 이상 남자친구 부모님의 집이 아니었다. 그는 이 사실을 나를 포함한 그 누구에게도 말하지 않고 파티를 열었다. 나는 어른들의 통제가 없는 '빈 집 파티'에 가는 게 허용되지 않아서 결국 친구 캐럴과 영화를 보러 갔다. 그러나 영화가 끝난 뒤 곧장 파티장으로 차를 몰았다. 그저 파티를 지켜보자는 생각으로 길 건너편에 차를 세웠다. 다른 많은 차들이 길을 따라 주차되어 있었다.

그런데 빈 집 파티치고는 너무 조용해 보였고 우리는 곧 지루해졌다. 그냥 돌아가기로 맘먹고 막 떠나려는데 갑자기 경찰이 들이닥쳤다. 경찰들이 대문을 열고 들어서자 사람들이 창문을 열고 뛰어내리는 등 사방으로 흩어지기 시작했다. "꼼짝 마."라는 경찰의 고함 소리를 듣자마자 우리는 자동차 시트 깊숙이 머리를 숙였다. 그러면서 총알이 자동차 문을 뚫을 수 있는지 영화에서 본 장면을 기억해 내려고 애썼다. 잠시 후 더 많은 경찰이 도착하여 손전등으로 주차된 차들을 하나하나 비춰 보기 시작했다. 차 바닥에 바짝 엎드려 우리는 경찰들이 파티꾼들을 차에 태우는 소리를 들었다. 어떻게든 잡히지 말아야 한다는 생각 하나로 우리는 잠시 조용해진 틈을 타 차문을 열고 밖으로 기어 나와 집을 향해 도망쳤다.

나는 어떻게 해야 할지 아무것도 알 수가 없었다. 누가 감옥에 갔는지 그것이 어떤 죄가 되는지도 알 수 없었다. 또한 캐럴과 내가 체포될지 어떨지도 몰랐다. 다음 날 아침식사 시간에 어머니는 아무것도 모르는 듯 물으셨다.

"어젯밤에 무슨 일이 있었는지 얘기해 보렴."

나는 눈물부터 흘리기 시작했다. 흐느끼는 가운데 전날 밤 일을 정확하게 이야기하려고 노력했다. 어머니는 내 얼굴을 만지면서 미소 지으셨다. 나는 무섭고 두려운 나머지 화를 내면서 소리쳤다.

"왜 웃으시는 거예요? 이렇게 심각한 상황에서요!"

"그래 안다, 얘야. 미안하구나. 하지만 자꾸 웃음이 나오네. 네 눈가에 눈물을 가득 머금은 모습을 보니 눈이 참 아름답다는 생각이 드는구나."

나는 안도감을 느꼈다. 나는 어머니 품으로 다가가 안겼다. 난 안전했다.

1950년대 후반에는 경찰들이 학교에서 영화를 상영하여 단체 관람을 하기도 했다. 마리화나 흡연을 경고하기 위한 영화였다. 우리들은 대부분 귀 기울여 들었다. 그에 비해 신문이나 저녁뉴스는 우리의 관심사 밖에 있었다. 물론 매카시 청문회나 대통령 선거 유세 같은 소식은 듣기도 했지만, 저녁식사 시간에는 정말이지 정치 이야기 같은 건 피하고 싶었다. 그러나 우리 집에서는 거의 불가능한 일이었다. 조용히 식사를 하고 있으면 아버지가 정치 이야기를 꺼내셨는데 어머니는 항상 다른 견해를 내놓았다. 그러면 아버지는 당신의 입장을 더욱 강하게 주장했는데, 그러다 보면 결국 아버지는 자리를 박차고 나가게 되었고, '즐거운 저녁 식탁'은 그렇게 사라지고 말았다.

나는 내가 사랑에 빠지지도, 사랑을 나누지도 못할 줄 알았다. 혹은 어디에선가 원자 폭탄이나 수소 폭탄이 불쑥 터지거나 미사일이 날아와서 어른이 되지 못하고 죽게 될까 봐 걱정하기도 했다. 하지만 정말로 고통스럽고 심각한 걱정거리는 우리들 주변에 항상 존재하고 있다는 사실을 한참 뒤에 깨달았다. 친구의 부모님이 이혼하는 일도 있었고, 어떤 친구는 부모님이 알코올 중독이어서 우리가 미처 알지 못하는 고통을 받고 있었으며, 몇몇 소녀는 원하지 않았던 임신을 해결하기 위한 방편으로 친지들과 살기 위해 조용히 '사라져' 버리기도 했다. 우리는 띄엄띄엄 주위들은 이런 정보를 서로 속닥거리기는 했지만, 터놓고 진중하게 이야기해 보지는 않았다. 그러면서 고등학교 생활은 일상처럼 지속되었다.

더딘 하루하루의 시간이 지루해 끊임없이 일탈을 생각하며 살았다. 내가 있는 곳이 아닌 다른 어딘가를 갈망하게 되었다. 나를 에워싸고 있는 것만으로는 충분하지 않다. 빨리 학교를 졸업

하고 싶었다. 나뿐만 아니라 친구들도 대부분 그런 생각을 했으리라 장담하지만, 그런 갈망이나 두려움을 드러냄으로써 소문이 나거나 왕따를 당하고 싶지는 않았다.

최근에 이 책의 청소년기 부분을 쓰는 데 몰두하다가 수천 마리의 흰기러기 떼가 저 멀리 낯선 새로운 세계를 향해 날아가는 모습을 보게 되었다. 그곳이 어디인지는 모른다. 다만 멀리 있다는 것만 알려져 있을 뿐. 하지만 기러기들은 반드시 이 여정을 수행해야만 스스로 성장할 수 있고 생존할 수 있다.

나는 흰기러기 떼가 눈앞에 나타나기 전부터 그들의 요란한 대화 소리를 들을 수 있었다. 그러다가 저 멀리 자그마한 너울거림이 보이기 시작했고, 그것이 점차 커지더니 마침내 내 시야에 들어왔다. 처음에는 희미한 그림자였다가 점차 빛나는 흰색 구름 떼처럼 나타났다. 자세히 보면 개개의 존재가 드러난다. 리더가 앞장서고 몇몇은 따로 떨어져 날고 또 몇몇은 짝을 지어 난다. 보는 이들이 잠시도 눈을 떼지 못할 만큼 그 모습이 아름답다.

흠 잡을 곳 없는 그들의 우아함은 암컷 기러기들로 인해 갑자기 깨지기도 한다. 연못과 습지, 들판 등에서 휴식을 취할 때 암컷 기러기들이 허둥대며 다가왔기 때문이다. 그들 중 일부는 아직 하늘을 나는 기술이 덜 연마된 것처럼 보이기도 한다. 그러다 보니 속도가 느려지고 고도가 낮아지기도 한다. 비틀거리고 흔들거리고 비행궤도에서 벗어나기도 한다.

잠시 쉬어 가기로 한 그들은 어딘가에 착륙한다. 그랬더니 즉각 총소리가 들려온다. 보존 구역 바깥이었던 것이다. 위험을 피해 멀리 달아나 숨죽이고 있다가 다음 날 아침, 그들은 다시 갈 길을 떠난다. 몇몇이 방향을 잡고 다른 이들은 날개를 퍼덕이며 그 주위를 둘러싸고 따른다.

그들은 하늘을 다시 하얀 빛으로 가득 채우고 떠나갔다. 신비와 기적의 메시지를 남기고 가는 듯했다. 우리는 감탄으로 그 자리를 뜨지 못했다.

청소년기를 지나는 세대를 생각하면서 그들이 좀 더 넓은 의미의 보존 구역 안에서 자유롭게 성장하기를 소원해 본다. 그곳이 그들을 위한 안전한 안식처가 되고, 동지애가 싹트는 곳이 되기를 바란다. 또 멋진 비행을 위한 아름다운 도약을 준비하는 곳이 되길 바란다. 멀리서 다른 이들이 경탄하며 바라보고 응원해 주는 그런 곳이 되어 주길 꿈꾼다.

청소년기에 대한 질문에 대답할 때 꼭 기억해야 할 점이 있다. 당신의 자서전 중 이 부분을 읽는 어린 친구들이 갑작스레 맞이하게 된, 친숙하지 않은 청소년기라는 세계에 대해 당신에게 동지애를 느끼려 할 것이라는 점이다. 청소년들은 자신이 느끼는 감정에 대해 부모님이나 형, 누나 또는 선배들과 어떻게 이야기해야 할지 모를 수도 있고, 또 그러한 대화를 원하지 않는 경우도 있다. 하지만 그 시기를 헤쳐 나간 누군가의 진솔한 이야기를 들을 수 있는 안식처만큼은 간절히 원하게 마련이다. 그 시기를 살아온 누군가의 경험 말이다.

청소년기를 이야기할 때는, 자신의 '청소년기'라고 규정할 수 있는 시기 구분이 먼저 필요하다. 그 다음, 당신이 속해 있던 세계를 독자들에게 이야기하도록 한다. 주변 친구들이 즐겨 입던 의상에 대한 묘사나 당시 친구들 사이에 유행했던 영화나 게임, 놀이, 음악 등에 대한 얘기도 좋다. 당시에 이용했던 교통수단도 있을 것이고 좋아하는 음식이나 음료도 있을 것이다. '5달러가 있다면 무엇을 했을 것인가?'라는 질문에 답하는 형식이어도 좋다. 만일 20달러가 있다면 또 무엇을 했을 것인가? 청소년기에 일어난 역사적·정치적·문화적 사건들도 독자에게 말해 주자. 그러면서 그 사건들로 어떤 영향을 받았는지도 이야기해 보자.

1. 당시 어디에 살았고 누구와 살았는가? 그 시기 가족들은 어떻게 지냈는지 묘사해 보라.

2. 어느 학교를 다녔는가? 학교 전체와 학급의 학생 수는 몇 명이나 되었는가? 어느 학년을 가장 좋아했는가? 추구하고자 했던 관심사에는 무엇이 있었는가? 돌이켜 볼 때, 미래를 대비하기 위해 당시 반드시 학습했어야 하는 것은 무엇인가?

3. 청소년기의 당신이 학교 앞에 서 있는 모습을 상상해 보라. 문을 열고 교정에 들어서 보라. 무엇이 들리고 누가 보이는가? 또 교실에도 들어가 보라. 맨 처음 느껴지는 전반적인 감정은 무엇인가? 자신이 앉아 있던 교실을 바라보자. 어떤 구체적인 기억이 떠오르는가? 선생님이 용기를 북돋워 주었거나 좌절하게 했던 경우가 있었는가?

4. 학교 수업 말고 다른 학교 활동에도 참여했는가? 그러한 경험에 대해 서술해 보라.

5. 가장 친했던 친구에 대해 말해 보라. 어떻게 친구가 되었는가? 만나서 보통 무엇을 함께했는가? 서로에게 어떤 영향을 끼쳤다고 생각하는가?
   • 좋은 친구가 있다고 확신했던 순간을 말해 보라. 시간이 지남에

따라 이 같은 우정이 지속되었는가, 사라졌는가? 그 이유는 무엇인가? 오늘날 그 친구에 대해 어떻게 느끼고 있는가?

6. 재미 삼아 즐겨 했던 것을 구체적으로 써 보라.

7. 청소년기에 즐겼던 음악에 대해 써 보라.
   - 어떤 음악을 좋아했는가? 어디서 주로 들었는가? 특별한 기억을 불러일으키는 노래 혹은 악보가 있는가? 노래를 직접 불렀거나 악기를 연주했다면 그 경험에 대해 이야기해 보라. 이 시기 음악은 당신에게 어떤 의미였는가?

8. 그 시절 어떤 춤이 유행했고 당신은 어떤 것을 좋아했는가? 사람들은 춤을 추기 위해 어디로 갔는가?

9. 운전은 언제 어떻게 배웠는가? 자동차 사용에 대해 어떤 제재는 없었는가?

   ✍ 우리 집 차고에는 자동차가 두 대 있었다. 친구들과 나는 어머니 몰래 차를 타고 해변으로 가곤 했다. 나와 내 친구들에게는 특별한

즐거움이었다. 그런데 한번은 차고 안에 주차되어 있는 두 대의 차가 너무 가까이 붙어 있어서 두 차의 백미러를 접어야 간신히 빠져 나올 수 있을 정도였다. 땀을 뻘뻘 흘린 끝에 간신히 차를 빼내 즐겁게 놀다 왔지만, 다시 차고로 돌아왔을 때 차를 아까처럼 다른 차 가까이에 주차할 수가 없었다. 결국 다른 친구를 불러서야 나가기 전과 똑같이 주차하는 데 성공했다. 이런 방법으로 나는 끝까지 부모님께 들키지 않고 맘껏 드라이브를 즐겼다. 그 후 몇 개월 뒤 어머니는 내게 운전을 가르쳐 주신다며 직접 옆자리에 앉아 지도를 해 주셨는데, 내가 정말 쉽게 운전을 잘한다며 놀라워하셨다.

— 사라 반 다이크

10. 데이트나 섹스, 술, 흡연에 대해 어른들로부터 들은 규칙은 무엇인가?

• 당시 또래들 사이에서는 데이트나 섹스, 술, 흡연을 어떻게 바라보았는가? 그러한 쪽에 가장 큰 영향을 준 사람은 누구인가? 또 어떤 것의 영향을 받았는가? 자신은 어떤 경험을 했는가?

11. 첫눈에 반한 일에 대해 이야기해 보라.

• 첫 데이트에 대해, 또는 누군가 좋아하는 사람과 함께 보낸 특별

한 시간에 대해 묘사해 보라. 경험했던 로맨스에 대해 이야기해 보라.

❧ 키스를 처음 한 것은 13살 때였다. 친구의 오빠였다. 어떠했는지는 말할 수 없다. 기억나지 않으니까. 그저 혼미한 상태였다. 그런 다음 집으로 달려갔다. 이후 몇몇 다른 남자애들에 반하기도 했지만 그때의 느낌을 받을 수는 없었다. 나는 늘 나 자신이 미운오리새끼 같았다. 키가 너무 크고 말랐으며 화장도 하지 않았다. 데이트하는 것도 물론 허락되지 않았다. 어머니는 심지어 내 방 창문 아래에 선인장 화분을 잔뜩 올려 두셨다.

— 쟈너타 리베라

12. 어른들이나 반 친구들이 당신을 어떻게 생각한다고 느꼈는가? 그러한 생각에 대해 어떤 부분에 동의하고 어떤 부분에 동의하지 않는가?

- 어디에서 누구로부터 가장 인정받았는가? 자신이 어떤 방면에 유능했다고 생각하는가? 당신이 발견한 자신만의 강점은 무엇이었는가? 또래들과 자신이 어떻게 다르다고 느꼈는가?

❧ 나는 14살이었고 월 코트 선생님 반이었다. 우리는 이름의 알파

벳 순으로 자리를 정해 앉았다. 수업시작 벨을 기다리는 동안 수잔 버드가 파티 초대장을 나눠 주고 다녔다. 그날도 나는 초대장을 받지 못했다. 내 양옆에 앉은 B로 시작하는 애들은 인기가 많았다. 랜스 버드가 나를 보고 말했다.

"음… 사라 블레클리는 인기가 영 없나 보네."

비참한 심정이었다. 물론 지금 생각해 보면 그냥 웃고 넘길 일일 수도 있지만, 그때 일을 돌이키다 보면 순간적으로나마 끔찍했던 느낌이 생생히 되살아난다.

— 사라 블레클리 브라운

13. 당시 자신에게 가장 중요한 일은 무엇이었는가?

- 열정적이고 지속적으로 매달렸던 중요한 일은 무엇이었는가? 하고는 싶었지만 할 수 없었던 일은 무엇이었는가?

✎ 일은 내게 무척이나 중요했다. 나는 일을 하기 위해 온갖 노력을 다했다. 통조림 공장에서 오후 4시부터 밤 12시까지 하는 일자리를 얻기 위해 나이를 속이기까지 했다. 나는 일을 하게 되면 내가 더욱 성숙해지리라 믿었다. 때때로 새벽 2시까지 일하기도 했는데 다음 날 학교에 가야 했기에 문제가 되었다. 그래서 학교를 그만두고 일

을 계속하기로 했다. 그러자 나를 주시하고 있던 학교 관계자들이 공장 사장에게 말을 넣었고 나는 일자리를 잃어버렸다. 결국 다시 학교로 돌아가게 되었다. 나는 19살에 결혼을 했는데, 중요하고도 성숙한 욕망 때문이 아니었을까 생각한다.

—키이스 레스터

14. 위험한 행동을 한 적이 있는가?
- 자신이 했던 반항적인 행동에 대해 이야기해 보라. 무엇이 그런 행동을 하게 만들었고 어떤 결과를 가져왔는가?

15. 10대 시절, 가장 어렵게 느꼈던 일은 무엇이었나? 그 일에 대한 자신의 생각은 어떠했고 그 결과는 어떻게 되었는가?

16. 그 시절 알게 된 가족의 불화가 있었는가? 그 일은 당신에게 어떤 영향을 끼쳤는가?

17. 당신은 가족과 주위 사람들로부터 어떤 기대를 받았는가? 그에 대해 자신은 어떻게 느꼈는가?
- 자신이 맡은 집안일을 무엇이었으며, 피하고 싶었던 일은 무엇

인가? 용돈은 어떻게 마련했는가?

18. 동아리나 조직에 속해 있었는가?
- 어떤 식으로든 공동체에 속해 있었는가? 독립심을 느끼기 시작한 때는 언제인가? 독립적인 사람이라고 인식한 때는 언제인가?

19. 방과 후에는 무엇을 했는가?

20. 살았던 지역에 대해 이야기해 보라. 그곳의 날씨와 환경은 사람들의 생활에 어떤 영향을 미쳤는가? 학교나 집 외에 자주 갔던 곳은 어디인가?

21. 이웃은 누구였는가? 당신 가족과의 관계는 어떠했는가?

22. 10대 시절, 부모님은 무슨 일을 하셨는가? 두 분이 일에 대해 말씀하시는 것을 들은 적이 있는가? 두 분이 하시던 일에 대해 당신이 생각하거나 느낀 것은 무엇인가?

23. 청소년기를 거치며 아버지, 어머니와의 관계는 어떻게 변화

했는가? 어머니 또는 아버지와 보낸 시간에 대해 가능한 한 구체적인 기억을 떠올려 보라.

🌿 한마디로 나는 어릴 때부터 심리적으로 아버지의 '보모' 역할을 하고 있었다. 어떤 말을 하면 아버지가 기뻐하실까, 그것만 생각하며 지냈다. 지금 웃으면 기뻐하실까, 슬퍼하면 기뻐하실까, 이것을 사 달라고 하면 좋아하실까, 이런 건 싫다고 말하면 좋아하실까, 바다에 가고 싶다고 하면 기뻐하실까, 어디에도 가고 싶지 않다고 하면 기뻐하실까, 지금 펄쩍 뛰면 즐거워하실까, 졸린다고 하면 즐거워하실까…, 아버지와 함께 있는 시간은 온통 이런 생각뿐이었다. 단 한 번도 내 기분에 솔직해 본 적이 없었다. 그보다 솔직해지려는 마음가짐이 안 돼 있었다. 가령 아버지와 드라이브를 간다고 하면, 우선 "저도 드라이브 가고 싶어요. 데려가 주세요." 하는 말을 언제 꺼내야 할지가 문제다. 아버지가 드라이브 가자고 말을 꺼내려는 시점에 말씀드려야만 한다. 내가 가고 싶은지 아닌지는 전혀 상관없다. 마음속으로는 가고 싶지 않더라도 데려가 달라고 말한다. 그리고 승낙을 받으면 환호성을 지르며 집안을 뛰어다닌다. 내게는 정말 괴로운 연기였다.

아버지는 자가운전자인 것을 자랑스럽게 여기셨기에 늘 장단을 맞

줘 드릴 필요가 있었다. 부모가 아이에게 "우리 아들, 이렇게 멋진 장난감을 갖고 있네." 하고 말하는 것과 다를 바가 없었다.

어쨌든 외출을 한다. 차에 타면서부터 다시 고난이 시작된다. 결코 마음을 놓을 수가 없다. 운전에 신경 쓰이니까 옆에서 조용히 해 주길 바라시는 듯하면 쥐죽은 듯 앉아 있고, 운전에 여유가 좀 생겨 즐거운 분위기를 원하시는 듯하면 "야, 신난다!" 하며 떠들기 시작한다. 늘 긴장을 하고 있어도 때로 타이밍을 놓칠 때가 있다. 그러면 아버지는 "이젠 괜찮다." 하고 말씀하신다. 그 말을 들으면 나는 "야, 신난다!" 하고 즐거워하기 시작한다.

그러나 아버지가 원하는 대로 가만히 앉아 있다가 다음 순간 갑자기 흥분 모드로 전환하는 것은 너무 피곤한 일이다. 드라이브 내내 아버지의 비위를 맞춰야만 하는 것이다. "피곤하시죠." 하며 뒤에서 어깨를 두드린 후에는 "경치가 정말 멋져요." 하고 말을 잇는다. 세 살짜리 아이를 쉴 새 없이 달래는 것과 같다.

— 가토 다이조

24. 부모님이 무엇을 해 주기를 바랐는가?
- 자신이 다른 가족 구성원과 다른 점이 있다고 느꼈는가? 그것은 무엇인가? 평상시보다 가족에 대해 더욱 강한 친밀감을 느꼈을 때

를 써 보라. 부모님이나 가족의 지지를 받았던 때를 기억해 보라.

25. 듣기 싫었던 말은 무엇인가?
- 당시의 걱정과 두려움에 대해 이야기해 보라. 어떤 압박을 받았는가? 가장 편안하다고 느낀 때는 언제인가? 부끄러웠을 때 또는 자신감을 느꼈을 때에 대해 설명할 수 있는가? 적절한 예를 들어 보라.

> "넌 거울 앞에서 항상 뭘 그렇게 하고 있는 거니? 아무도 널 쳐다보지 않을 텐데 말이다." 그러면 나는 "제발요, 어머니!"라고 소리쳤다. 그 외에는 다른 아무 말도 하지 않았다. 그러나 나는 알았다. 나 같으면 내 아이에게 절대 그런 말을 하지 않을 것이라는 걸.
>
> — 조안 풀러

26. 가족 여행에 대해 이야기해 보라.

27. 그 시절 키웠던 애완동물이 있었다면 말해 보라.

28. 봄, 여름, 가을, 겨울, 각 계절별로 기억나는 때를 묘사해 보라. 계절마다 느끼는 변화에는 무엇이 있었는가? 특별히 좋

아하는 계절이 있었는가?

✑ 아주 오래전이었다. 그 특별한 여름, 만발한 까치밥나무 꽃의 진한 향기를 맡은 이후, 나는 까치밥나무를 보거나 그 숲에 들어서면 얼굴을 온통 그 나무에 파묻곤 했다. 그러면 그 진한 향기와 분홍 빛깔이 예전의 기억을 불러일으켰다.

— 실비아 애쉬턴 워너 Sylvia Ashton-Warner, 『내가 지나온 길 I passed This Way』

29. 10대 시절 경험한 여름밤에 대한 느낌을 적어 보라. 별자리를 바라보며 나눈 대화나 품었던 희망이 있는가?

30. 당신이 미래에 대해 바랐던 꿈과 야망은 무엇인가?

31. 자신의 현재 삶과 다른 어떤 것을 동경한 적이 있는가?

32. 당시 가장 믿었거나 존경했던 사람은 누구인가?

33. 할 수 없으리라고 생각했지만 끝내 해낸 일에 대해 말해 보라. 어떤 사람이나 사건으로 용기를 얻었던 때를 기억해 보라.

34. 학교를 떠난 해는 언제인가?

- 학교를 졸업했다면, 졸업식 행사를 떠올려 보자. '끝이자 시작'을 의미하는 이 행사에서 무엇을 느꼈는가?
- 만약 졸업 전에 학교를 떠났다면 그때 어떤 상황에 놓여 있었는가? 그때의 '끝이자 시작'에 대해서는 어떻게 느꼈는가?

35. 그 시절 열광적으로 임했던 일이나 사건에 대해 설명해 보라. 지금까지도 생생하게 살아 있는 경험에 대해 서술해 보라.

36. 인생의 중요한 10대 시절에 가장 많은 것을 가르쳐 준 사람은 누구였다고 생각하는가? 배운 것 중에서 이후에 크게 도움이 되었던 것에 대해 말해 보라.

37. 그 시절 가장 힘들었던 부분은 무엇이었는가? 그것을 잘 이겨 내도록 도와준 사람이나 일은 무엇이었는가?

✎ 내가 느끼는 감정을 이해해 주지는 못할지라도 나의 솔직한 이야기를 들어 줄 누군가가 내겐 간절히 필요했다. P선배는 내게 그런 사람이 되어 주었다. 그는 내가 꺼내 놓기 어려운 이야기를 쉽사리

입에 올릴 수 있도록 해 주었다. 전혀 관심 없을 것 같은 이야기도 눈을 반짝이면서 들어 주었다. 나의 이야기를 들으면서 함께 기뻐하고 함께 아파해 주었다. 어두운 터널 안에 있던 나를 세상으로 인도하고 있었다. 나는 회복되고 있었다.

— 옮긴이

38. 세월이 흘러 더 많은 연륜을 쌓은 지금, 자신의 10대 시절 모습을 어떻게 묘사할 수 있겠는가? 당시 스스로에 대해 느꼈던 것과 비교해 보라.

39. 그 시절 승리감을 느끼게 한 일은 무엇인가?

40. 10대로서, 가치 있다고 여긴 일은 무엇이었는가? 자신에게 가장 중요한 이상은 무엇이었는가?

41. 일생 동안 10대 시절의 어떤 면이 진정 고맙게 느껴지는가? 당시 가장 감사한 일과 사람은 누구였는가? 그 시절을 지나고 돌아보니 누구에게 가장 감사하고 싶은가?

○ ○ ○
20대와 30대, 어른이 되어

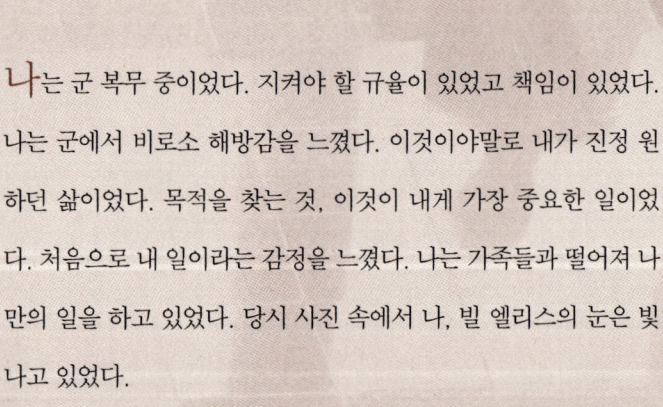

나는 군 복무 중이었다. 지켜야 할 규율이 있었고 책임이 있었다. 나는 군에서 비로소 해방감을 느꼈다. 이것이야말로 내가 진정 원하던 삶이었다. 목적을 찾는 것, 이것이 내게 가장 중요한 일이었다. 처음으로 내 일이라는 감정을 느꼈다. 나는 가족들과 떨어져 나만의 일을 하고 있었다. 당시 사진 속에서 나, 빌 엘리스의 눈은 빛나고 있었다.

나는 제대 후에도 집에서 제복을 즐겨 입었던 것으로 기억한다. 군

대로 떠날 때에 비해 돌아왔을 때는 크게 달라졌다고 생각했는데, 그건 정말이지 짜릿한 느낌이었다. 내가 가장 완벽하다고 느꼈던 시절이었다.

어느새 50대로 접어든 빌은 자신의 젊은 시절을 돌아보면서, 그때의 감정을 되살리고 있다. 자신의 힘으로 앞으로 나아간다는 것, 그리고 어른들의 세계에서 벗어나 홀로 자신의 길을 개척한다는 것의 기쁨과 의미가 강하게 전해진다. 집에 있든 학교에 있든 또 군대에 있든 20대는 독립적인 자아를 형성하는 시기다.

카렌 쉐한은 일에 대해, 그리고 여전히 부모님과 함께 사는 것에 대해 글을 썼다. 어느 날 밤 남자친구와 데이트를 했을 때였다.

그는 나를 진짜 데이트 상대로는 보지 않았던 듯하다. 우린 친구였고 밤새도록 춤을 춘 후 눈부시게 아름다운 해돋이를 보았다. 그때까지는 한 번도 외박한 적이 없었던 나는 마침내 어른이 된 것 같았다. 집에 돌아가자 아버지가 현관에 나와 계셨다. 나를 기다리셨던 것이다. 나는 아버지에게 전날 밤 일과 해돋이에 대해 말씀드렸다. 아버지는 "우리 집에선 있을 수 없는 일이다."라고 말씀하셨고, 나는 "전 할 거예요."라고 대답했다. 나는 알고 있었다. 만일 해돋이를 보기를 원한다면 집에서 완전히 나갈 각오가 되어 있어야 한다는 사실을 말이다. 이렇게 해서 나는 집을 떠나게 되었다.

카렌은 그날 아침 일이 떠오르는 듯 고개를 흔들었다. 그때 아버지의 걱정은 안중에도 없었던 자신을 자책하듯이. 하지만 그때가 바로 떠나야 할 때였다는 생각에는 변함이 없다.

나는 20대 초반에 일찍 결혼했다. 사랑에 빠졌고 내가 규정하는 나만의 세계를 갖고 싶다는 욕구를 강하게 느꼈다. 그 당시 내 또래의 여성에게 결혼이란 독립된 삶을 꾸리는 확실한 보증수표였다. 또 직장에 다님으로써 직접 생계를 책임지는 것도 성인으로서의 특권과 의무의 세계에 진입하는 한 방법이었다.

나는 이 시기가 성인으로서의 의무와 약속이 생겨나고 자신과 가족의 생계를 책임지며 독립된 인생을 구체적으로 설계하는 때라고 생각하는 문화권에 살고 있다. 또한 이 시기는 세상에서 벌어지는 일에 직접 영향을 받는 시기이기도 하다. 전쟁 중이라면 국가에 헌신하기 위해 군 입대를 자원할 수도 있고, 많은 이별을 경험할 수도 있으며, 불황이라면 실업을 겪을 수도 있다.

이 시기 우리는 쉽지 않은 현실과 맞서야 한다. 반면 닥쳐 올 일에 대해서는 별다른 사전 준비가 되어 있지 않다. 다행히 이때 우리의 에너지는 절정에 달해 있고 새로운 시작을 받아들일 준비가 되어 있으며 끊임없이 다양한 시도를 하고자 하는 열정으로 가득 차 있다.

30대가 되면 자신의 가정을 꾸려 '정착'하고 싶은 욕구가 강해진다. 그러면서 점차 가족과 더 많은 시간과 에너지를 나누고 싶어 하며, 바라던 꿈을 조금씩 실현해 가면서 성취감을 느끼기도 한다. 이런 성과로 정신적 충만감을 경험하고 낙관적인 미래를 상상하기도 한다. 에드가 기억하는 30대 또한 그러했다.

전쟁이 끝났다. 나는 운이 좋았다. 이로써 꿈이 하나 실현된 셈이었다. 이런 성취감 덕에 나는 내가 바라는 또 다른 꿈들도 실현할 수 있으리라 믿게 되었다. 감히 나를 쓰러뜨릴 것은 아무것도 없다는 자신감도 갖게 되었다. 그렇지만 그 이유까지는 정확히 모르고 있었다. 무사히 집에 돌아왔기 때문인지 그냥 젊은 나이였고 사랑에 빠졌고 모든 것이 좋고 새로워 보였기 때문인지 모른 채, 나는 나만의 미래를 설계하겠다는 강한 충동에 사로잡혔다.

반면 이 시기에 많은 이들이 여전히 삶의 방향을 찾아 헤맨다. 이 세상에서 내가 자리 매김할 그곳을 찾아서 말이다. 알고 하든 모르고 하든 줄곧 어렵고 고민에 찬 선택을 한다. 30대 중반에 이르면서 때때로 '순응'이라는 단어가 자신 앞에 똬리를 틀고 있는 것을 발견한다. 이 시기 누군가는 정착한 자리를 박차고 새 길을 찾기도 한다. 실패한 결혼 생활을 헤쳐 나가느라, 또 늘 조바심 냈건만 비전이라곤 보이지 않는 직장생활에 비틀거리는 자신에게서 벗어나고자 선택을 내리기 때문이다. 잭은 이렇게 썼다.

둘째아이가 태어났을 때 나는 너무 겁이 났다. 내가 좀 더 진지해져야 한다고 생각했다. 어쩌면 귀중한 시간을 낭비해 왔는지도 모르겠다는 느낌이 들었다. 좀 더 헌신적으로 일해야겠다는 생각이 들었다. 나는 내가 원하는 것을 알았고 그것이 나 자신에게 달려 있음을 지금껏 인정하지 않고 있었다는 사실도 처음 깨달았다.

우리는 스스로 책임져야 할 현실에 맞닥뜨렸을 때, 우리가 어른이 되었다는 사실에 직면하게 될 때, 자신이 아직 어리다는 사실을 실감하게 된다. 나도 분명 그랬고, 이는 전혀 예상치 못한 일이었다. 성인이 된 초반기에 나는 대부분 재미있고 짜릿하며 더없이 행복한 시간을 보냈다. 남편, 그리고 다른 부부들과 나눈 진한 우정 덕분이었다. 함께한다는 것의 윤택함을 느꼈다. 많은 시간을 함께 보내며 같이 웃고 긴 시간 맛있는 식사를 하며 동이 틀 때까지 이야기를 나누기도 했다. 우리가 아는 것과 모르는 것, 그리고 우리가 인생에 대해 안다고 생각하는 것들을 열심히 탐구했다. 그러다 우리들 모임의 첫 아이였던, 한 부부의 아이가 치명적인 병에 걸리면서 삶은 변했고 심각해졌다. 부부의 자상한 부모님과 삼촌, 숙모는 매우 슬퍼하고 위로를 전하면서 가슴 아픈 상황에 함께했다. 그분들에게 친구 부부는 어린아이와 같았으므로 그러한 큰 고통에서 그들을 보호하고자 했다. 우리에게 친구 부부는 어른이었다. 아이에게 어떤 일이 생기더라도 어쨌든 이겨 낼 것이라 여겨졌다.

그 시절 우리는 책임감으로 더욱 성숙해졌고 각종 고난에 대처하기 위해 생겨난 능력은 인생의 중반을 향해 나아가는 데 도움을 주었다.

어른이 되면서 사람들은 인생의 장기적인 관계를 형성하기 시작하고 부모가 된다. 인생 경험도 여러 방면으로 풍부해져서 따로 기록할 이야기도 많아진다. 자서전을 쓰려고 한다면 이 시기에 겪는 여러 방면의 삶을 각각의 주제로 나누어 쓰는 것이 적절할 듯하다. 예를 들어 오랜 기간 결혼 생활이나 직장 생활 또는 육아의 경험이 있다면, 이를 독립적인 주제로 각각 나누어 글을 써 보면 좋다. '결혼 생활', '직장인으로 산다는 것', '부모 되기' 등으로 나누는 식이다. 자신의 경험을 일목요연하게 정리하고 자신의 글 쓰는 방식에 맞도록 주제를 구분하면 된다.

20대와 30대에 겪은 경험을 기록해 두면 당신의 성공과 노력, 고민과 두려움, 기쁨과 고통을 이해하는 데 도움이 될 것이다. 자신의 삶에서 가장 의미 있다고 느끼는 부분을 독자들과 아낌없이 나누어 보라. 당신이 어떻게 지금에 이르게 되었는지에 대해 독자들에게 들려주어 보라.

20대와 30대, 당신은 많은 일을 겪었을 것이다. 육체적으로 감정적으로 또 사회적으로 말이다. 공부를 계속하거나 사회 활동에 참여하기도 하고, 어려운 관문을 거쳐 직장도 선택했을 것이다. 또 직장을 바꾸기도 하면서 관심사와 책임이 달라지기도 했을 것이다. 이성과 깊이 있게 사귀기도 하고, 가정을 꾸리며, 좀 더 의미 있는 삶을 향한 가슴 깊은 곳의 메시지를 느끼고 고심하기도 했을 것이다.

이 부분을 쓰면서 그 시절 당신에게 어떤 변화가 있었는지 독자들이 생생하게 알 수 있도록 묘사해 보라. 글을 쓸 때는 우선 여유를 두고 독자들에게 당신의 주변 환경부터 알려 주면 좋을 것이다. 당시 유명한 가수는 누구였고 유행하던 음악이나 영화,

스포츠, 다른 오락거리에 대해 말해 보라. 어떤 유행을 기억하는가? 그 시절 일상적인 차림과 격식 있는 차림을 설명해 보라. 집이나 식당에서는 일반적으로 어떤 음식을 먹었는가? 25달러가 있다면 무엇을 살 수 있었는지 예를 들어 보자. 당시 중요한 정치적·역사적·문화적 사건은 무엇이었는가? 그 시절 어른의 세계에 들어선다는 것은 어떤 의미였는지 독자들에게 알려 주자.

1. 20대와 30대에, 일에서나 개인적 삶에서 가장 획기적인 사건은 무엇이었는가? 발단은 무엇이었고 어떤 방향으로 전개되었는지 말해 보라.

2. 성인으로서의 삶을 대학에서 시작했다면 왜, 어떤 기준으로 그 대학을 선택했는가? 그 결과는 어떠했는가? 장점과 단점에 대해 말해 보라.
   - 학교에 간 첫 느낌, 첫 강의의 느낌을 말해 보라. 그 전공과 학문 분야를 선택한 이유는 무엇인가? 다시 기회가 온다 해도 같은 선택을 하겠는가?
   - 어떤 수업이 힘들었고 어떤 수업이 쉬웠는가? 감명이나 용기를

준 선생님에 대해 말해 보라. 자신의 인생에 가장 중요한 가치를 형성하게 한 수업은 무엇이었고 어떤 식이었나? 선배나 후배 중에 삶에 영향을 준 사람은 누구였는가?

- 전공 외에 삶에 영향을 미친 특별활동이나 동아리 활동은 무엇이었는가? 학교를 떠났을 때의 계획은 무엇이었는가?

3. 자신의 첫 직업은 무엇이었으며 왜 그것을 선택했는가?
- 돈은 얼마나 받았는가? 지출해야 하는 항목에는 무엇이 있었나?
- 직장에서 새롭게 배운 가장 유용한 기술은 무엇이었는가?
- 직장에서 인간관계는 어떻게 형성되었는가? 도움을 준 선배나 상급자는 누구인가? 어떤 도움을 받았는가? 직장이라는 조직에서 하나의 조직원으로서 지낸다는 것은 어떤 느낌이었는가?
- 직장 생활의 가장 큰 기쁨과 가장 큰 어려움은 무엇이었는가? 시계를 거꾸로 돌린다 해도 같은 선택을 하겠는가?

4. 그 당시 가족에는 어떤 일이 있었는가? 부모님과의 관계는 어떻게 변화했는가?

✐ 우리 집 저녁식사 시간은 늘 아버지가 주도하셨다. 아버지는 따

뜻하고 재치 넘치는 분이셨고 열성적인 독서가였다. 오페라에서부터 남북전쟁에 이르기까지 무엇이든 의견을 나누길 좋아하셨다. 우리가 대학에 다니기 시작하자 무엇을 공부하고 있는지, 기분은 어떤지 물으셨다. 아버지가 자식들을 친구처럼 생각하신다는 걸 알게 되었을 때 난 무척 기분이 좋았다.

— 도리스 모서

5. 집을 떠나는 것은 당신에게 어떤 일이었는가? 떠나도록 준비하는 데 누가 도움을 주었으며 어떤 식이었는가?

✐ 대학에 입학하게 되면서 고향을 떠나 서울로 올라왔다. 서울은 모든 것이 다 거대해 보였다. 도로도, 건물도 모두 거대했고 어디나 사람들로 북적였다. 하지만 그 많은 사람들 중에서 나를 아는 이는 없었다. 어디를 가나 나는 자유로웠고 무엇이든 할 수 있을 것 같았다. 고향에서는 조금만 걸어도 아는 사람을 만났고, 그들이 나를 감시하는 것 같아 친구들이랑 만화방에 가는 일도 눈치를 보며 해야 했다. 하지만 서울은 달랐다. 내가 무엇을 하든 상관할 사람이 없었다. 또한 아무리 집에 늦게 들어가도 꾸짖을 사람이 없었다. 해방감은 그렇게 한꺼번에 몰려와 나를 들뜨게 했다. 거대 도시 서울의 공

기가 그때는 더없이 상쾌하게만 느껴졌다.

—편집자

6. 친구들은 누구였으며 함께 모여 무엇을 즐겨 했는가?
   • 가장 친한 친구는 누구였는가? 그 친구와의 우정을 생각나게 하는, 함께한 일에 대한 기억을 말해 보라. 서로 각자의 삶에 어떤 것을 불어넣었는가? 그 우정은 얼마나 오래 지속되었는가?

7. 사랑에 대해 말해 보라. 품었던 환상에 대해, 그리고 실제 있었던 일에 대해. 그것은 언제 시작되었는가?

8. 여가 시간에 무엇을 즐겨 했는가? 어떤 운동이나 활동을 좋아했는가? 그러한 것들에 어떻게 참여했는가?

✑ 그러나 내가 가장 좋아하는 곳은 근처에 있던 바였다. 일주일에 한두 번 또는 주말에 라이브 공연을 했는데 나는 그게 너무 좋았다. 가수가 노래 부르는 모습을 바라보는 게 좋았다. 악기 연주도 즐겨 감상했지만 직접 노래 부르는 모습을 지켜보는 게 더 행복했다.

—메리 E. 미베인 Mary E. Mebane, 『메리, 나그네 Mary Wayfarer』

9. 어떤 교통수단을 이용했고 비용은 얼마나 들었는가?

10. 그 시절의 여행에 대해 이야기해 보라.

♀ 나는 무엇이든 다 할 수 있다고 생각했다. 첫 번째 여행지로는 유럽을 택했다. 내가 알지 못했던 세상 – 언어, 의상, 독특한 풍경과 향취, 소리 등을 향해 눈과 마음을 활짝 열었다. 그 시절 우리 세대는 대개 국가의 테두리 내에서 생각하고 존재했다. 세계가 그다지 가깝게 느껴지지 않았다. 나는 국가를 위해 헌신하며 전 세계를 다니는 국제 스파이가 되는 공상을 하기도 했다. 그 시절 나는 모험과 미스터리에 상당히 매료되어 있었다. 지금은 세계 어디를 가도 내 나라와 비슷한 풍경이 펼쳐진다는 사실이 못내 아쉽다. 전에는 훨씬 더 이국적이었는데 말이다. 그 시절 나는 걱정 따위는 하지 않았다. 모든 일이 잘 되리라고 믿었고, 주어진 규칙과 역할을 잘 지키고 수행하면 무엇이든 해낼 수 있다고 생각했다. 하지만 그건 착각이었다.

— 줄리아 윌킨스

11. 그 시기, 인생에서 새롭게 경험한 몇 가지를 말해 보라.

- 당시 가장 큰 즐거움은 무엇이었는가? 가장 큰 어려움은 무엇이었는가?

12. 모험을 감행했던 일을 말해 보라.

13. 자신감을 갖게 된 특별한 계기가 있었는지 말해 보라.

14. 언제 진짜 어른이 되었다고 느꼈는가?

15. 미래에는 무엇을 이루리라 마음먹었는가?

16. 언제 공포나 두려움을 느꼈으며, 어떠했는가?

✒ 가장 끔찍하다고 느낀 것은 나를 압도하는 죽음 같은 적막이었다. 팬스레 벽을 두드리거나 바닥을 차 보기도 했지만 아무런 반응도 없었다. 하루하루 지나 다섯 달이 다 되도록 안타까운 내 부름에 대답하는 사람은 아무도 없었다.
나를 데리고 나가려고 사병이 방에 들어왔을 때 물었다. "날씨는 어떻습니까? 비가 옵니까?" 가라앉은 눈빛으로 나를 보던 사병은 아무 말 없이 들어온 문으로 되돌아 나갔다. 문 앞에서 간수와 다른 사병이 지켜보고 있었던 것이다.

내게 사람의 목소리를 들려준 유일한 사람은 교도소장이었다. 소장은 매일 아침 나를 찾아와 "안녕하시오?" 하고 인사를 건넨 뒤 담배나 편지지 등이 필요하지는 않은지 물었다. 나는 그와 말을 나누고 싶었지만 소장도 문 앞에 있는 사병 쪽을 경계하며 "알았소. 다시 보러 오겠소."라고 말하고 나가 버렸다. 나와의 사귐을 두려워하지 않는 생명체는 오직 비둘기뿐이었다. 비둘기는 아침저녁 창문의 쇠창살 사이로 먹이를 찾아 날아들었다.

— 크로포트킨, 『혁명가의 기억 Memoirs of a Revolutionist』

17. 자신에게 가장 중요한 것은 무엇이었는가?

18. 눈이 번쩍 뜨였던 경험에 대해 말해 보라.

19. 그때부터 스승으로 여겨 온 사람에 대해 이야기해 보라.

20. 인생의 한 기간으로서 그 시기 가장 힘들었던 점은 무엇이었으며, 어떻게 그것을 극복했는가?

21. 자신과 주변의 삶을 성찰하면서 깨닫게 된 것에는 무엇이 있었는가?

22. 역사와 사회를 향해 어떤 의견을 제시한 적은 없었는가?

23. 당시 하고 있던 일은 어떻게 진행되었는가? 만족감을 느꼈는가? 부담감은 없었는가?

24. 관심이 있던 조직이나 이상은 무엇이었는가? 그 조직에는 어떻게 참여했는가?

✐ 1727년 가을, 나는 유능한 친구들을 모아 상호 발전을 도모할 목적으로 클럽을 만들었다. '결사'를 뜻하는 잔토(janto)를 클럽명으로 하고, 매주 금요일 저녁을 집회일로 정했다. 클럽의 회칙 또한 내가 만들었다. 회칙에 따르면 각 회원은 순서대로 윤리, 정치 및 물리 분야의 문제에 대해 적어도 한 가지씩 제안을 하고 회원들과 토론을 하기로 되어 있었다. 또 3개월에 한 번은 어떤 분야든 직접 쓴 논문을 제출하고 발표하기로 되어 있었다. 토론은 의장이 주재하며, 명목상의 토론이 아닌 진리 탐구라는 진지한 태도로 참여할 수 있

도록 규정을 마련해 두었다. 싸움으로 번질 가능성을 차단하기 위해 독단적인 말이나 무조건 반대 등은 금지로 하였으며, 금지 조항을 지키지 않는 사람은 비록 소액이지만 벌금을 내도록 했다.

— 벤자민 프랭클린, 『자서전 Autobiography』

25. 그때 가지 않은 길은 무엇이고 지금은 그에 대해 어떻게 생각하는가?

26. 누군가가 필요하다고 느꼈을 때는 언제인가? 그때 옆에 있어 준 사람이 있었는가? 그는 누구인가?

27. 가족이나 친구들은 결혼에 대해 어떤 태도를 보였는가?

28. 크게 낙심했던 때와 그때를 어떻게 극복했는지에 대해 이야기해 보라.

29. 인생의 한 시기로서 20대와 30대는 자신에게 어떤 의미로 남아 있는가?

○ ○ ○
결혼 생활

나는 결혼을 하면서 부모님 세대와는 아주 다르리라고 기대했었다. 아마 요즘 세대도 나와는 결혼관이 확연히 다를 것이다. 당시 나는 결혼하면서 결혼이 오래도록 지속되지 않을 수도 있다고는 생각하지 못했다. 또한 우리 두 사람이 서로에 대해 실제로는 그다지 많은 걸 알고 있지 못하다는 사실을 깊이 인식하지 못했다. 당시 결혼한 나의 친구들은 여전히 결혼 생활을 잘 유지하고 있었으므로 나는 꽤 높은 이혼율 통계를 의심스런 눈으로 바라보기도 했다.

친구들은 내가 모르는 어떤 비결을 알고 있었던 것일까. 그들은 고개를 저으며 부드러운 목소리로 이렇게 말했다.

"그냥 운이 좋았어."

그들도 결혼한 상대에 대해 실제로 알고 있는 게 거의 없었기 때문이다. 물론 단순히 운이 좋아서가 아니다. 운 그 이상이다.

오늘날 우리가 결혼에 대해 가장 흔히 듣는 말은 '결혼은 위험한 사업'이라는 것이다. 각종 사회 통계자료는 함께 사는 사람보다 홀로 사는 사람을 두드러지게 조명한다. 개인적으로 가장 궁금한 것은 결혼 생활의 어떤 면을 보고 배우자를 잘 골랐다고 할 수 있는 것일까 하는 점이다. 나는 더 나은 사람을 고른다는 개념보다는 사랑에 대한 갈망과, 다른 사람과 깊은 마음을 주고받고자 하는 강한 욕구 때문에 결혼을 선택한다고 생각한다. 그러한 갈망이 사람들로 하여금 서약을 하게 하고 운명이 다할 때까지 영원히 함께할 것이라는 희망을 갖게 만든다고 믿는다.

인생에서 이 단계는 상대적으로 선택의 여지가 많다. 마음만 먹으면 취하거나 거부할 수 있는 선택이 가능한 것이다. 그렇다면 성공적인 결혼 생활의 핵심은 무엇일까?

1990년대 들어 커플의 결혼 비율이 증가했다. 많은 커플이 자신이 꿈꾸는 삶 속 관계와 모습에 대해 신중하게 생각했고 열정적으로 실행에 옮겼다. 미국의 유명한 시인이자 사상가인 웬델 베리가 에세이 『약속을 지키는 것 Standing by Words』에서 한 말은 함께하고자 하는 커플들에게 많은 영향을 미쳤다.

"그래야 한다고 혼자서 생각하는 것은 쉽게 이루어지지 않을 것이고, 가고 싶다고 혼자서 생각하는 곳도 쉽게 가지지 않을 것이다. 두 사람이 함께하는 것들—결혼, 시간, 인생, 역사, 세계—이야말로 진실로 이루어질 것이다. 가야 할 길을 모르겠다면 자신의 인생이 한 방향으로 정렬되도록 노력하라."

이제 이 시기를 서술한 글을 통해 독자들에게 당신이 어떤 길을 선택했고 그 길에서 무엇을 배웠으며 과거의 일들이 당신에게 어떤 영향을 끼쳤는지 얘기해 보도록 하자. 또 당신과 당신의 파트너가 혼자가 아님을 알았던 때를 말해 보자. 삶에 대한 이해심과 통찰력이 뒤따르도록 말이다.

1. 서로에게 강하게 끌린 때는 언제인가?
   - 자신이 사랑에 빠졌다고 생각했는가? 어떻게 고백했는가?

     ✍ 나는 고등학교 상급생이었다. 하굣길에 나는 모퉁이를 돌아 우

리 집 쪽으로 다가오고 있는 그를 만났다. 그는 공습 대비 지도원으로 우리가 집에 구비해야 할 것들에 대해 조언을 해 주었다. 그날 저녁 식구들이 식사를 하고 있을 때 그가 다시 찾아왔다. 어머니가 문을 열어 주자 그는 이렇게 말했다.

"오늘 낮에 만났던 따님을 다시 한 번 만나고 싶습니다. 따님에 대해 더 많은 걸 알고 싶습니다."

어머니는 식탁으로 돌아오셔서 물었다.

"누구를 말하는 거니?"

나는 언니일 거라고 생각했다. 어머니도 언니에게 나가 보라고 눈짓을 보내셨다. 고개를 갸우뚱하면서 언니가 문 쪽으로 향했는데 잠시 후 이런 말이 들려왔다.

"당신이 아닌데요."

우리는 데이트를 했다. 그렇지만 나는 다른 사람도 계속 만나고 있었다. 그는 전쟁터로 떠나기 전에 결혼하고 싶어 했다. 하지만 나는 그를 충분히 알지 못했다. 게다가 나는 어렸고 하고 싶은 일이 있었다. 나는 경솔한 여자아이가 아니었다. 우리는 계속 편지를 주고받았고, 여전히 나는 다른 사람들과도 데이트를 했다.

전쟁이 끝나 밥이 돌아올 즈음 나는 확신이 생겼다. 그의 안정된 모습과 강인함에 끌렸다. 우리는 결혼해서 그가 죽기 전까지 50년간 함께 살았다. 그 50년이란 시간은 내가 상상했던 것 이상이었다. 운이 좋았던 것일까? 지금 생각해도 잘 모르겠다. 그냥 우리는 잘 어우러져 살았던 것 같다. 그래도 나는 믿는다. 그날 저 길 앞 모퉁이를 돌아오는 밥을 만난 것은 내 운명이었다고.

— 베티 홀트

2. 결혼하기까지의 과정에 대해 기억나는 것이 있는가? 결혼을 결심한 뒤 다른 생각이 들었거나 의심스러웠던 것은 없는가?

♪ 우리가 그녀의 아버지를 찾아가 결혼하겠다고 말했을 때 그분은 이렇게 말했다. "너희 둘 중 한 명은 행복해 보인다만 한 명은 그렇지 않구나." 내 마음을 들킨 것일까. 당시 나는 여전히 심한 갈등 속에 있었다. 그녀와의 이별을 원하지는 않았지만, 결혼에 따르는 그 모든 의무도 원하지 않았다. 그렇지만 둘 중 하나만 선택할 수는 없는 일이었다. 삶은 동화가 아니므로. 나는 그녀의 사랑 없이는 살 수 없었고 그녀도 진정 나를 사랑했다.

— 마샬 손더스

3. 결혼할 당시의 배우자에 대해 말해 보라. 배우자의 특성 중 결

혼 생활에 중요한 요소로 작용한 것은 무엇인가?

4. 결혼할 당시 당신과 배우자의 닮은 점은 무엇이었는가? 다른 점은 무엇이었는가?

5. 결혼식 준비 과정에 대해 무엇을 기억하는가?
 - 결혼식에 대해 말해 보라. 어디서 했고 누가 참석했으며 어떤 느낌이었는가? 특별히 기억에 남는 것은 무엇인가? 결혼 피로연에 대해서는 무엇을 기억하는가?

6. 신혼여행에 대해 말해 보라. 며칠을 다녀왔으며 누가 계획을 세웠고 어디로 갔는가? 기억하는 몇 가지 일에 대해 말해 보라.

7. 가족은 당신의 결혼에 대해 어떻게 생각했는가? 결혼에 대해 어떤 희망을 가졌는가?

8. 결혼 이후 직면하게 된 놀라운 일에는 어떤 것이 있었는가? 배우자에 대해 몰랐던 것을 처음 알게 된 것은 무엇인가?

9. 결혼 이후 함께하는 삶을 시작하면서 가장 힘든 점은 무엇이었는가?

10. 처음 산 곳은 어디였고 어떻게 그 집을 마련했는가?

11. 결혼한 첫해의 일상은 어떠했는가?

12. 결혼할 당시 배우자와의 관계에서 자신의 역할은 무엇이라 생각했는가? 시간이 흐르면서 그 역할에 대한 생각은 어떻게 바뀌었는가?

13. 얼마 지나지 않아 깨닫게 된, 배우자와의 관계에서 유용한 노하우는 무엇이었는가?

14. 자신이 적응하고자 노력한 점은 무엇인가? 어떤 점에서 적응하고 싶었고 그래서 어떻게 다르게 대처했는가?

15. 결혼 생활 초기에 가장 힘들었던 사안은 무엇이었는가?

16. 결혼 초기 상대와 함께해 가장 좋았던 때를 기억해 보라.

> 우리가 지을 건물에 쓸 목재들을 마이크의 픽업트럭에 가득 싣고 거리를 지나가면서 나는 문득 깨달았다. 그동안 내가 기대했던 그 모든 것들은 그다지 중요하지 않았다는 것을 말이다. 순간 나는 과거의 기대에서 벗어나 새로운 어떤 것을 통해 인생의 진정한 황홀감과 충만함을 느꼈다. 그것은 바로 내가 어느 완전한 존재의 일부라는 믿음이었다. 그동안 나는 내가 어딘가에 그처럼 하나로 연결되어 있다는 느낌을 받은 적이 한 번도 없었다.
>
> ─카렌 쉐한

17. 결혼 생활 초기를 어떻게 묘사할 수 있는가?

18. 시댁 또는 처가 사람들에 대해 어떻게 느꼈는가?
- 그들이 당신에 대해 어떻게 생각했는지 알 수 있는 몇 가지 예를 들어 보라. 두 가족 간에 어떤 차이점이 당신의 행복에 도움이 되었고 또 어떤 점이 당신을 힘들게 했는가?

19. 가사 분담은 어떻게 이루어졌는가? 또 시간이 흐르면서 어

떻게 달라졌는가?

20. 결혼 초기 두 사람 사이에는 어떤 의견 차이가 있었는가?

21. 결혼 생활에 도움을 주는 공동의 취미나 공통 관심사가 있었는가?

> 리의 도움으로 나는 좀 더 빨리 깨달을 수 있었다. 밖으로 나가 데이트를 해야 한다는 것을. 우리는 부모로서의 역할을 다하기 위한 힘든 일들을 잠시 멈추고 친구이자 사랑하는 사이로 돌아갔다. 스파게티를 먹고 영화를 보면서, 아이를 기르고 먹고살기 위해 미친 듯이 발버둥 쳤던 일들에서 잠시 벗어나면 되었다. 우리는 다시 활력을 찾았다. 우리가 함께한 또 한 가지는 걷는 것이었다. 주말이면 아이들과 함께 산책을 나갔다. 일상에서 잠시 벗어나서 말이다. 그냥 걸었다. 아무 말도 필요하지 않았다. 모든 다툼들이 잊히고 용서가 되었다. 우리는 새로운 출발을 하는 듯했다. 한 달에 두 번 정도밖에 하지 못했지만 그것만으로도 충분했다.
>
> — 바바라 제이

22. 결혼 생활에서 부모님의 행동과 유사해 보이는 행동 양식이 있었는가? 도움이 되는 자산은 어떤 것이었고 문제는 무엇이었는가?

23. 주중에 두 사람이 함께 있을 수 있던 시간은 언제였는가?
- 두 사람만의 시간을 어떻게 얻었는가? 둘이서만 보낸 즐거웠던 시간을 기억해 보라.

24. 두 사람이 떨어져 있던 때가 있었는가? 있었다면 그 이유는 무엇인가? 배우자와 멀리 떨어져 있을 때 어떤 느낌이었는가? 배우자의 부재는 어떤 영향을 미쳤는가?

25. 결혼 생활에 영향을 준 역사적 사건이나 문화적 유행은 무엇인가?

26. 결혼 생활에서 더 가졌으면 하고 바란 것은 무엇인가?

27. 결혼 생활 동안 가장 힘든 문제는 무엇이었는가? 배우자의 주된 어려움은 무엇이었는가?

28. 결혼 생활을 유지하게 한 가장 중요한 요인은 무엇이었는가?
    시간이 흐르면서 그 요인은 어떤 식으로 변했는가?

29. 결혼 생활의 어떤 단계에서 가장 행복했는가?
    - 배우자가 당신을 위해 한 일 중에서 항상 감사했던 일에 대해 말해 보라. 배우자가 당신을 위해 한 일을 돌이켜 볼 때 가장 가치 있는 일은 무엇이었는지 말해 보라.

30. 어떤 때 배우자와 가장 가깝게 느껴졌는가?

31. 당신에게 더 큰 행복을 선사한 배우자의 자질은 무엇인가?
    그러한 행복에 보탬이 된 당신의 자질은 무엇인가?

✎ 아내는 항상 명랑한 동시에 그 명랑함을 다른 사람에게까지 전파했다. 우리가 가난과 빚에 허덕이며 생활했던 9년 동안 아내는 항상 나를 절망에서 벗어나 삶의 밝은 면을 볼 수 있도록 해 주었다. 우리의 달라진 환경에 대해서 그녀가 불평하는 소리는 한 번도 들어 본 적이 없다. 아이들도 마찬가지였다. 아내가 아이들을 그렇게 가르쳤기 때문에 아이들은 엄마로부터 불굴의 정신을 배웠던 것이다. 아내

가 자신이 사랑하는 사람에게 부여하는 사랑은 존경의 형태를 띠었고 그 사랑은 그대로 친척, 친구, 집안의 일꾼 등에 의해 돌아왔다. 결혼으로 그녀와 나의 기질과 성격이 하나로 엮인 것은 참으로 기이한 조합이었다. 아내는 자신의 넘쳐 나는 사랑을 키스와 포옹으로 쏟아 냈고 사랑스러운 말로 나타냈는데, 이런 풍부한 표현 방법이 내게는 늘 놀라움의 대상이었다. 날 때부터 애정 표현이나 포옹에 소극적이었던 나에게 그녀의 표현 방법은 마치 난공불락의 요새에 부딪치는 파도와 같았다. 나는 무엇이든 자제하는 분위기 속에서 성장했다. 임종의 자리에서 딱 한 번 키스하는 것을 제외하고는 한 번도 아버지 쪽 가족들이 다른 가족에게 키스하는 것을 본 적이 없었다. 우리 마을도 키스에 인색하기는 마찬가지였다. 마을에서 키스와 포옹은 극도로 흥분한 피아노 연주와 함께 구혼의 마지막을 장식할 때나 볼 수 있게 마련이었다.

아내는 사심 없이 웃을 줄 아는 소녀였다. 그다지 자주 일어나는 일은 아니었지만 웃음이 한번 터지면 마치 음악처럼 듣는 사람을 감동시켰다.

— 마크 트웨인, 『마크 트웨인 자서전 The Autobiography of Mark Twain』

32. 함께한 멋진 시간에 대해 추억해 보라.

33. 공통 관심사는 무엇이었나? 또 그것이 결혼 생활에 기여한 점은 무엇인가?

- 배우자가 대외활동을 적극 펼칠 수 있도록 지원했는가? 어떤 방식으로 했는가? 부부가 함께 지역 공동체 활동에 참여했는가? 어떤 방식으로 참여했는가?

34. 결혼 생활을 하는 동안 삶의 한 부분을 차지했던 친구가 있는가? 그들이 보태 준 것에 대해 말해 보라.

35. 결혼 생활 속에서 자신만의 개인적인 욕구를 충족하기 위한 어떤 방법을 찾았는가?

- 관계 유지를 위해 의식적으로 선택한 것은 무엇인가?

36. 결혼 생활 중 가장 힘들 때는 어디에서 도움을 받았는가?

- 결혼 생활에서 가장 큰 위기는 무엇이었는가? 그것을 어떻게 극복했는가?

37. 배우자와 함께 이뤄 낸 가장 성공적인 일은 무엇인가?

38. 자녀가 있는 경우, 아이들이 태어나면서 배우자와의 관계는 어떻게 변했는가? 자녀가 자라면서 또 집을 떠날 만큼 성장하면서 부부관계는 어떻게 변했는가?

39. 부부가 함께한 가장 의미 있는 시간에 대해 말해 보라.

40. 함께한 기억 중에서 가장 지우고 싶은 것은 무엇인가?

41. 배우자에게 가장 감사하는 점은 무엇인가? 지금의 배우자에 대해 솔직하게 묘사해 보라.

42. 결혼 생활을 성공으로 이끈 요소는 무엇인가?
- 좀 더 일찍 깨달았다면 결혼 생활에 도움이 되었을 만한 일은 무엇인가? 그것을 어떻게 깨닫게 되었는가?

43. 훌륭한 결혼 생활의 핵심은 무엇이라 생각하는가?
- 당신은 배우자에게 무엇을 주었다고 생각하는가? 배우자는 당신에게 무엇을 주었는가?

만약 당신이 이혼을 했다면

1. 처음 결혼했을 때 이혼에 대한 생각은 어떠했는가?
   - 이혼에 대해 경험한 적이 있었는가?

2. 이혼에 이르게 한 행동이나 태도는 무엇이었는지 말해 보라.

3. 당신이 한 어떤 일이 이혼에 이르게 했다고 생각하는가?
   - 이혼을 막기 위해 다르게 행동했어야 한다고 생각하는가?
   - 최종적으로 이혼을 선택하게 된 결정적 계기에 대해 말해 보라.
   - 법적으로나 또 다른 형태로 어떤 합의를 했는가?

4. 이혼에 대해 가족들의 반응은 어떠했는가?
   - 가족 구성원들로부터 심적으로 어떤 지원을 받았는가?

5. 당시 아이가 있었다면, 이혼이 아이의 인생에 어떤 영향을 미칠 것이라 생각했는가? 마음속에 있었던 생각을 말해 보라.
   - 아이들이 이혼과 그로 인한 변화에 대처하도록 어떻게 도우려 노력했는가? 어떤 노력이 효과가 있었고 어떤 것이 효과가 없었는가?

지금이라면 어떻게 하겠는가? 그 시기 아이들이 당신을 도우려고 했던 때를 떠올려 보라. 이혼과 그 이후의 시간에 대해 지금 아이들에게 말하고 싶은 것은 무엇인가?

6. 친구들은 도움이 되었는가? 친구들의 어떤 반응이 감당하기 힘들었는가?

7. 이혼 후 경제 상황은 어떻게 바뀌었는가?

8. 생각했던 것과 실제 상황은 어떻게 달랐는가?
    • 이혼으로 가장 힘든 것은 무엇이었는가? 힘든 일을 예방하기 위해 어떻게 다르게 했어야 한다고 생각하는가? 이혼 후 더 나아진 점은 무엇인가?

9. 이혼 후 인생을 어떻게 새롭게 설계했는가?

10. 이혼 후 전 배우자에 대한 감정과 태도는 어떻게 바뀌었는가?
    • 이혼 뒤 전 배우자와의 관계는 어떠한가? 어떤 관계를 지향했어야 한다고 보는가?

11. 이렇게 했더라면 결혼 생활이 달라졌으리라고 깨달은 바가 있는가? 전 배우자에게 전하고 싶은 메시지는 무엇인가?

12. 이혼의 상처를 극복하는 데 가장 도움이 된 것은 무엇인가?

13. 그 시기 스스로에 대해 무엇을 배웠는가?

14. 당신 자신은 어떻게 바뀌었는가?

배우자와 사별을 했다면

1. 배우자와 사별했을 때 몇 살이었는가? 이 글을 쓰는 때는 그로부터 얼마가 지난 후인가? 함께 보낸 시간은 얼마나 되는가?

> 당신이 있던 자리, 그곳은 이 세상에 꺼질 듯한 구멍으로 남아, 낮에는 그 주변을 거닐다 밤이 되면 그 속으로 빠져들고 말아요.
> ─ 에드나 빈센트 밀레이 Edna St. Vincent Millay

2. 배우자가 세상을 떠나게 된 상황에 대해 말해 보라. 그 당시에 대해 무엇을 기억하는가? 무엇을 생각하고 무엇을 느꼈는가?

✑ 세상과 나 사이에는 보이지 않는 장막이 드리워져 있다. 사람들이 말하는 것을 받아들이기가 힘들다. 아니 어쩌면 받아들이고 싶지 않은 것인지도 모른다.

—C. S. 루이스, 『헤아려 본 슬픔 *A Grief Observed*』

3. 어떻게 그 시기를 극복했는가? 도움을 받은 일이 있는가?
- 당신의 믿음은 어떤 영향을 미쳤는가?
- 자신에게 도움이 된 어떤 의식이 있었는가? 어떤 식으로 도움이 되었는가? 어떤 유형의 의식이 도움이 되었을 것이라 생각하는가?

4. 상실감을 극복하기 위한 방법이 있었는가?
- 다른 사람들이 해 주었으면 하고 바란 일은 무엇인가? 좀 더 견디기 수월하도록 자신을 위해 어떤 일을 할 수 있었겠는가?

5. 무엇이 두려웠는가? 그 두려움을 어떻게 극복했는가?

♧ 한 주가 시작될 때나 하루가 끝나 갈 때가 가장 힘들었다. 내게 아무도 없다는 느낌이었다. 그 누구와도 이 고요함을 나눌 수 없었고, 그저 지나가는 말조차도 주고받을 수 없었다. 알렉이 화가 난 듯한 목소리로 가끔씩 "빨리 와."라고 외치던 그 말이 너무나도 듣고 싶었다.

— 해리엇 로베이 Harriet Robey,
『노부인의 꺼지지 않은 열정 There's a Dance in the Old Dame Yet』

6. 가족들은 그 상황에 어떻게 대처했는가?
- 가족이 한 일이나 말 중에서 특히 도움이 되었던 것은 무엇인가? 가족을 달래는 데 가장 어려운 점은 무엇이었는가? 어떤 방식으로 슬픔을 나누었는가? 가족에 대해 염려한 것은 무엇인가?

7. 새롭게 생겨난 자신의 책임에 대해 무엇을 느꼈는가? 화나게 하거나 분노하게 만든 것은 무엇인가?

8. 그 당시 단호하게 거부해야 했던 일이 있었는가?

9. 받아들여야 했던 제안이나 도움이 있었는가?

• 자신이 받았던 최고의 도움은 무엇인가? 큰 도움이 된 뜻밖의 행동이나 말은 무엇이었는가? 어떤 조언이 도움이 되었고 어떤 조언이 소용없었는가?

10. 그 시기의 우정에 대해 말해 보라. 친구들은 어떻게 반응했고 당신을 돕기 위해 무엇을 했는가?

11. 우정은 어떤 식으로 변했는가?

12. 배우자를 잃은 사람에게 처음 몇 달간 가장 도움이 되는 조언을 한다면 무어라 말해 주겠는가?

> 삶은 계속되고
> 죽은 이는 잊어야 한단다
> 앤, 아침을 먹어야지
> 댄, 약을 먹으렴
> 삶은 계속되어야 한단다
> 왜 그래야 하는지 까닭은 잊었지만
>
> ─에드나 빈센트 밀레이, '비탄'

13. 배우자가 남긴 유언이나 유품이 있는가? 여전히 소중하게 간직하고 있는 교훈이나 물건이 있는가?

14. 배우자를 잃은 그때 할 수 있었던 일은 무엇인가?
    - 슬픔을 극복하도록 도울 수 있는 활동이 있었는가?

15. 생활이 정상으로 돌아가는 듯 '보이면서' 가장 힘들었던 것은 무엇인가? 무엇을 가장 갈망했는가?

16. 외로움에 대해 이야기해 보자. 외로움을 덜 느끼기 위해 어떤 과정을 거쳤고 어떤 것이 효과적이었는가?

✍ 가장 충격적인 것은 내가 혼자 남겨졌다는 사실이었다. 내 곁엔 아무도 없었다. 내가 여행을 떠났다가 집으로 돌아왔는지 죽었는지 아무도 몰랐다. 전화를 해도 아무도 받는 사람이 없었다. 그것이 가장 고통스럽고 슬펐다. 나는 밖에 나가지 않았다. 새끼 고양이 두 마리가 생겼다. 잘 키울 수 있을 것 같지 않았다. 그렇지만 집에 가면 온기가 느껴졌다. 고양이들은 나를 향해 그르렁거리며 관심을 원했다. 그들과 놀아 주어야 했고 이야기도 해 주어야 했다. 그러면 그들

은 내 옆에 그 작고 따뜻한 몸을 웅크리며 앉았다. 이것은 내 안에 큰 변화를 불러일으켰다.

— 폴라 하딘

17. 시간이 지나면서 자신의 삶을 위해 적극적으로 받아들인 일이 있었는가? 그 일로 어떤 감정적 도움을 받았는가? 가장 도움이 되었다고 느낀 자신의 자질은 무엇이었는가?

18. 새로운 삶을 찾는 전환점이 있었는가?

19. 시간이 지나면서 슬픔이 어떻게 변화되었는지 단계를 나누어 말해 보라.

20. 편안함을 주거나 마음을 밝혀 주는 꿈을 꾼 적이 있는가? 어떤 꿈이었는가?
- 처음 몇 달 동안 문득 배우자의 존재를 느낀 때는 언제인가?

 때때로 그는 내 마음에 있었다. 그냥 거기 그렇게 서 있었다. 나를 바라보고 기다리며. 그가 즐겨 입던, 이제는 소매에 구멍까지 난

파란색 골프 스웨터를 입고 말이다. 요즘에는 더욱 가까이 다가온 것 같다. 어젯밤에는 그의 향기도 맡을 수 있었다.

— 로라 스펜스

21. 여전히 마음속에 간직하고 있는 배우자에 대한 추억은 무엇이고, 그것은 당신에게 어떤 의미가 있는가?

22. 상실감을 묻고 평정을 되찾기 위해 당신은 어떻게 했는가? 허전함을 극복하는 데 도움이 된 생각이나 행동이 있었는가?

 당신은 아오? 그대 떠날 때 얼마나 많은 것을 가지고 갔는지.

— C. S. 루이스, 『헤아려 본 슬픔』

23. 인생에 다시 활력을 불어넣기 위해 어떤 과정을 거쳤는가? 하고 싶었지만 할 수 없다고 느낀 일은 무엇인가?

24. 스스로를 다시 어떻게 규정했는가?

25. 새로 발견한 즐거움에 대해 말해 보라.

26. 오늘날 가족들은 어떤 방식으로 추억을 나누는가? 당신은 추억을 간직하기 위해 무엇을 더 하고 싶은가?

❧ 아이들을 위해 앨범을 만들었다. 아이들이 엄마와 함께한 추억을 간직할 수 있도록. 그리고 손자들이 태어났을 때 그 아이들도 할머니를 알았으면 하는 마음에서였다.

— 로버트 왓슨

27. 근래에 배우자에 대한 생각으로 가득했던 때는 언제였는가?
- 되새기고 싶은 시간은 언제인가? 오랜 친구와 얘기하고픈 추억은 무엇인가? 새로 사귄 친한 친구에게 배우자에 대한 어떤 이야기를 들려주고 싶은가?

28. 그러한 인생의 여정을 지나는 동안 자신에 대해 무엇을 발견했는가? 당신은 어떻게 바뀌었는가?

❧ 강한 뿌리는 눈 밑에서도 삶을 이어가듯이,
사랑은 견디어 낼 것이다—내가 당신을 보낼 수 있다면.

— 메이 사턴 May Sarton, 『가을 소네트 *The Autumn Sonnets*』

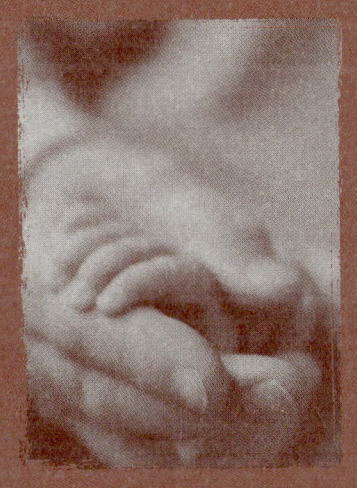

○ ○ ○
부모가 되어

"난 우리가 좀 더 훈련되어 있었어야 한다고 생각해요."

도리스는 부모로서 지내 온 지난 50년 세월을 되돌아보며 말했다. 나이 어린 엄마였던 나는 딸을 품에 안고 달래면서 육아라는 엄청난 일에 대해 실감하기 시작했기에, 도리스의 말에 저절로 고개가 끄덕여졌다.

왜 아이를 키우는 법은 훈련받지 않았을까? 운전 연습은 그토록 열심히 했으면서 말이다. 나는 분명 아이를 잘 키울 것이라는 멋모르는 자신감이 있기는 했지만, 암만 생각해 봐도 아무런 지식도 없는 초보 엄마인 내가 그 어린 것을 맡아 키운다는 것은 무리였다. 그렇다고 조언이나 지원을 기대할 만한 부모님이나 친지가 가까이 사는 것도 아니었다. 주변에는 다들 젊은 부부들만 살고 있을 뿐이었다.

우리가 부모가 되어 배운 것이라곤 '모르는 것이 대단히 많다.'는 사실이었다. 남동생이 태어났을 때 나는 10살이었고, 12살 때쯤에는 아기를 돌본 적이 있었다. 그래서 아이를 가질 즈음에 나는 경험도 있고 준비도 되어 있다고 생각했다. 그러나 부모가 된다는 것은 한 번도 맞닥뜨려 본 적 없는 거대한 장막을 뚫고서 매 순간 거대한 이해력과 인내력이 필요한 세계를 지나가는 것 같았다. 정신없이 내 아이를 보살피다 보면, 그동안 내가 친구들의 행동을 두고 아이를 과잉보호 한다느니, 지나치게 어리광을 받아 준다느니, 어른이 아이 버릇을 망치고 있다느니 했던 말들은 안중에도 없게 되었다. 오히려 친구들의 행동을 완전히 이해하게 되었다.

한편으로 나는 조금이나마 아이들을 남다르게 키우고 싶다는 열망을 품고 있었다. 매번 당황하고 어찌할 바를 모르긴 했지만. 그러면서 다른 부모들도 경험했을 그 밀고 당기는 감정들의 깊이를 조금씩 이해하게 되었다. 그리고 그렇게 나를 시험하면서 인생을 좀 더 배우고 부모님의 삶을 다소나마 이해하게 되었다.

은퇴한 한 교사는 자신이 20대였을 때 학생들의 부모에게 거침없이 조언을 했다고 한다. 그냥 그때는 그래야 한다는 생각이 들었다고 했다. 그러나 첫 아이를 낳고 키우면서 보니 자신이 충고한 모든 부모들의 집을 찾아가 용서를 구하고 싶었다고 한다.

흔히 양육은 '하루 종일 끝도 없이 해야 하는 일'이라고 한다. 다른 어느 정규 직업 못지않게 아이를 키운다는 것은 전문성과 지극한 정성을 필요로 한다. 다행히 우리는 여러 사람들의 이야기를 통해 아이를 잘 키우기 위한 용기와 지혜를 얻어 왔다.

이처럼 사람들이 육아에 대한 자신의 경험─두려움과 걱정, 좌절이 있더라도 기쁨과 희망, 성취가 늘 따라오는─을 적극적으로 나누려 하는 것은 무척 감사한 일이다. 아이가 아직 어린 부모들의 조바심과 외로움, 청소년이 된 아이를 둔 부모들의 분노와 두려움과 상처에 대한 이야기를 듣는 것은 내게 큰 도움이 되었다. 세대가 달라지면서 구체적인 내용 또한 달라지고 있지만 이야기는 쉼 없이 계속 대물림되어 이어지고 있다. 나의 어머니는 소아마비에 대해 걱정하셨고 나는 식품 첨가물, 문화적 고정관념, 창의적 표현에 대해 걱정했다. 나의 걱정은 딸아이에게 이

어질 것이고 딸아이는 또 다른 이야기를 만들어 낼 것이다.

오늘날 부모들은 그 어느 때보다 전문가가 되고 있다. 책, 텔레비전 프로그램, 잡지, 각종 온라인 사이트에는 전문가의 조언들이 가득하며 이를 통해 많은 이들이 큰 도움을 받고 있다. 그러나 양육에 대해서는 전문가의 견해도 물론 필요하지만 직접 경험해 본 사람들의 생생한 체험을 듣는 것 또한 대단히 중요하다.

부모가 되어 아이와 함께 시간을 보내 온 당신은 그동안 해야 했던 여러 가지 선택과 어려웠던 상황들을 거리를 두고 바라볼 수 있게 되었다. 이 시기에 대한 글을 쓰면서 당신은 다음 세대들에게 조부모로서, 엄마, 아빠, 숙모, 삼촌으로서 겪어 온 여러 가지 일들을 들려주게 될 것이고, 독자들은 그 글을 통해 삶의 지혜를 얻게 될 것이다.

1. 언제 첫아이가 태어났는가? 그때 당신의 나이는?

2. 아이의 출산 소식에 친지들과 친구들은 어떻게 반응했는가?

3. 아이가 태어나기를 기다리며 어떤 것을 느꼈고 어떤 꿈을 꾸었는가?

4. 아이의 탄생을 위해 어떤 준비를 했는가?

5. 아이들의 이름은 어떻게 지었는가?

6. 아이가 태어난 첫 순간의 기억을 말해 보라.

> 요즈음에 비한다면 나는 무척이나 어린 나이에 아빠가 되었다. 고작 스물네 살이었으니까. 나는 그저 재미있게 노는 일에만 정신이 팔려 있었다. 그래도 직장은 다니고 있었고 결혼도 심각하게 받아들이기는 했었다. 그런데 아빠가 되고 난 다음에는 이런 생각이 들었다. "모든 것이 다시 새롭게 시작되는구나. 모든 것이."
>
> —렌

7. 아이들이 태어난 날에 대해 설명해 보라. 아이들을 입양했거나 재혼으로 얻었다면 그들의 출생에 대해 알고 있는 세세한 사항들을 모두 말해 보라.
   - 아이들은 어디서 태어났는가? 병원이었는가? 병원에는 어떻게 도착했는가? 그때 날씨는 어떠했는가? 특이한 상황이 있었는가? 출산 당시 곁에 누가 있었는가? 그들의 역할은 무엇이었는가?

• 아이들의 출생에 대해 알고 있는 것을 설명해 보라. 힘들게 태어났는가? 혹 너무 일찍 태어난 것은 아니었는가?

8. 처음 부모가 되어 놀란 것은 무엇 때문이었는가?

> 매일 매건의 작은 공간을 청소하고 정돈했다. 내가 아이를 씻기고 젖 먹이고 재우는 곳이었다. 그러면서 아이를 낳은 것이 얼마나 잘한 일이고 또 책임감이 느껴지는 일인지 생각했다. 그때 갑자기 한 가지 생각이 떠올랐다. 내가 '부모'라는 사실 말이다. 그때까지 나도 엄마라는 생각을 하기는 했지만, 내심 다시 인형을 가지고 노는 듯한 기분도 들었던 것이다.

― 앤 던바

9. 새로 태어난 아이에 대해 가족들은 어떻게 반응했는가?

10. 아이들은 주로 누가 돌보았는가?

11. 어머니나 아버지로서 어떤 모습이 되고 싶었으며, 가장 하고 싶었던 일은 무엇이었는가? 아이들에 대해 품었던 꿈은

무엇인가? 그러한 꿈을 실현시키기 위해 어떤 노력을 기울였는가?

✐ 나는 아버지를 기억하지 못한다. 그래서 내가 아버지가 된다는 것이 두려웠다. 어떻게 해야 할지 알 수가 없었다. 그러면서도 아버지가 됨으로써 내가 원했던 아버지를 가질 수 있을 것이라는 생각도 들었다.

— 사무엘

12. 가족으로서 아이의 특징을 알아챈 것은 언제이고, 그런 특징들에는 어떤 것이 있었는가? 어떤 것이 유전된 것이고 또 어떤 것이 습득된 것인가?

13. 아이들의 개성을 감지한 것은 언제였고, 어떤 방식이었는가?

14. 당신의 배우자가 부모로서 어떤 모습이었는지 말해 보라.

15. 아이들의 삶에 중요했던 또 다른 사람은 누구였는가?

16. 가족이 함께하기를 즐겼던 것은 무엇인가? 특별히 즐겼건 그렇지 않았건 간에 가족 전체가 자주 함께한 일은 무엇이었는가?

17. 아이가 다섯 살이 되기 전에 일상적으로 했던 일을 말해 보라.
   • 함께했던 시간에 대해 상세하게 글을 써 보자. 어떤 특별한 기억이 떠오르도록 노력하면서 말이다. 주말에 했던 일에 대해서도 말해 보자.

> 딸아이는 조가비를 모으고 있었다네
> 30년 전 그때에
> 나는 그것을 뒤집어 보곤 했지, 경이로움을 느끼며
> — 루시앙 스트릭 Lucien Stryk, '깨달음'

18. 아이가 어렸을 때 사랑스런 마음이 강하게 솟구쳤던 기억에 대해 말해 보라.

> 수지가 7살 때였다. 아내는 몇 번이고 수지에게 "자, 자, 수지, 작은 일 때문에 울어서는 안 돼."라고 말하곤 했다. 엄마의 이 말을 수지는 곰곰이 생각하게 되었다. 수지는 장난감이 깨지고, 천둥과 번

개와 비 때문에 소풍이 취소되고, 육아실에서 잡은 쥐를 길들여서 친구가 되었는데 고양이에게 죽음을 당하는 등의 엄청난 재앙(처럼 보이는 일) 때문에 상심하고 있었다. 그런데 엄마에게서 뜻밖의 이상한 사실을 듣게 된 것이었다. 설명할 수 없는 어떤 이유 때문에 그 정도의 일은 엄청난 재앙이 아니라는 것이다. 왜지? 재앙의 크기는 어떻게 재는 거지? 커다란 재앙과 작은 재앙을 구별하는 방법이 있어야만 했다. 이때 적용할 수 있는 법칙은 무엇이지? 수지는 이 문제를 열심히 오래 생각했다. 2~3일 동안 곰곰이 생각한 끝에 간혹 최고의 해답을 찾아낸 듯했지만 이 또한 곧 좌절되고 말았다. 그래서 수지는 결국 엄마에게 도움을 청하기로 했다.

"엄마, '작은 일'이 어떤 거예요?"

단순한 질문 같았다. 처음에는. 그러나 막상 답변을 말로 표현하려 하자 생각지도, 예측하지도 못한 어려움이 나타나기 시작했다. 그 어려움이 곱절로 증가하는 바람에 다시 한 번 수지는 궁금증을 해소하는 데 실패하고 말았다. 엄마의 설명하려는 노력은 답보 상태에 머물렀다. 그러면 수지는 예를 들어서 엄마를 도우려고 했다. 한 번은 이런 일이 있었다. 아내가 시내에 갈 채비를 했다. 오래전에 수지에게 사 주겠다고 약속한 장난감 시계를 사는 것도 시내에 가는 이유 중 하나였다.

"엄마가 시계 사 오는 것을 잊어버리면 그것은 '작은 일' 인가요?" 엄마가 시계 사 오는 것을 잊어버리지 않을 것을 알고 있었기 때문에 시계에 대해서는 걱정하지 않았다. 수지는 그저 엄마의 대답으로 수수께끼를 풀어서 당혹스러운 어린 마음에 휴식과 평안을 갖고 싶었던 것이다.

물론 그 희망은 꺾이고 말았다. 불행의 정도와 크기는 외부 사람이 측정할 수 있는 것이 아니라 불행에 영향을 받는 사람에 의해 측정되는 것이기 때문이다. 왕관을 잃어버린 것은 왕에게는 엄청난 일이지만 아이에게는 전혀 중요하지 않은 일이다. 장난감을 잃어버린 것은 아이에게는 커다란 일이지만 왕의 눈으로 보자면 전혀 상심할 일이 아니다. 우리는 결국 이를 근거로 수지의 의문에 대한 결론을 내렸고 수지는 그 후에 발생하는 자신의 재앙에 대해 스스로의 잣대로 측정할 수 있도록 허락을 받았다.

— 마크 트웨인, 『마크 트웨인 자서전』

19. 자신이 되고자 했던 부모의 모습이 되는 데 필요한 능력을 제대로 펴지 못하게 만든 인생의 어려운 난관에는 무엇이 있었는가?

20. 첫아이가 태어났을 때 배우자와의 관계는 어떻게 바뀌었는가?

21. 가족이 불어남에 따라 가족 구성원은 각각 어떻게 적응해 갔는가? 가족 수가 늘어나면서 누가 가장 적응에 힘들어 했고, 당신은 그를 어떻게 도와주었는가?

22. 아이들이 아주 어렸을 때 그들이 어떻게 행동해 주기를 바랐는가? 또 청소년기에는 어떤 것을 바랐는가?
- 아이들이 아주 어렸을 때에는 어떤 규칙을 만들어 주었는가? 또 청소년기에는 어떤 규칙을 주었는가? 그러한 규칙들에 대해 지금은 어떤 생각을 갖고 있는가? 규칙들로 원하는 효과를 이끌어 냈는가?

23. 아이들을 어떻게 벌주고 지도했는가? 또 칭찬은 어떻게 했는가?

✂ 수지가 막 여덟 살이 되었을 때였다. 우리 가족은 뉴욕 엘미라에서 3마일 떨어진 높은 언덕 꼭대기의 쿼리 농장에서 여름을 보내곤 했다. 건초를 자르는 계절이 다가오고 있었고 수지와 클라라는 그

때를 손꼽아 기다리고 있었다. 그들에게는 의미가 큰 행사였기 때문이다. 그날 그들은 마차 위 건초 더미 꼭대기에 앉아서 집으로 돌아올 수 있다는 약속을 받아 냈던 것이다. 그 또래의 아이들에게 그토록 소중한 이 위험한 특권을 수지와 클라라는 난생 처음 누릴 수 있게 된 터였다. 따라서 둘의 흥분이란 걷잡을 수 없을 지경이었다. 입만 뻥긋했다 하면 오로지 그 획기적인 모험에 대해서만 얘기했다. 하지만 그토록 중요한 날 바로 그 아침에 수지에게 불행한 일이 벌어졌다. 갑작스레 감정이 폭발한 수지는 부삽인지 막대기인지를 가지고 클라라에게 벌을 주었다. 어쨌든 수지가 저지른 잘못은 육아실에서 허용할 수 있는 범위를 분명히 넘어서는 중대한 잘못이었다. 집의 규칙과 관습에 따라서 수지는 잘못을 고백하고 여기에 합당한 처벌의 종류와 양을 결정하기 위해 어머니에게 갔다. 처벌이란 것이 원래 한 가지 목적과 기능, 즉 잘못을 저지른 사람이 다시는 똑같은 잘못을 저지르지 않겠다고 기억하도록 경고를 주는 역할을 할 때만 의미가 있는 것이기 때문에, 아이도 자신이 선택하는 처벌은 기억할 만하고 효과적인 것이어야 한다는 점을 충분히 이해하고 있었다. 수지와 아내는 여러 가지 처벌에 대해서 얘기했지만 어떤 처벌도 적절할 것 같지 않았다. 이번 잘못은 평상시와 달리 심각한 것이었기 때문에 기억 속에 위험 표시를 확실히 세워 놓아서 없어지지 않게 할 수 있는 강한 처벌이어야 했던 것이다. 언급된 처벌 중에는 건초 마차를 타는 기회를 박탈하는 것도 있었다. 이 처벌이 수지에게 가장 치명타가 될 것은 뻔했다. 마침내 아내는 처벌 목록을 하나하나 언급하면서 "수지야, 어떤 벌을 받아야 할 것 같니?"라고 물었다.

수지는 곰곰이 생각하더니 기가 죽어서 "엄마는 어떤 것이어야 한다고 생각하세요?"라고 물었다.

"수지, 너의 결정에 맡기는 것이 좋겠다. 네가 스스로 선택을 하렴."
엄마의 이 말로 수지는 갈등을 하고, 깊게 생각하고, 이리저리 궁리했다. 그러고는 그녀를 아는 사람이라면 누구라도 짐작할 만한 대답을 했다.

"엄마, 건초 마차로 하겠어요. 다른 처벌을 받아서는 다시는 잘못을 저지르지 않겠다는 생각을 해낼 수 없지만 건초 마차를 타지 못한다면 쉽게 해낼 수 있을 거예요."

이 세상에서 진정한 처벌, 예리하고 지속적인 처벌은 애꿎은 사람에게만 떨어지게 마련이다. 클라라를 괴롭힌 것은 내가 아니었지만 불쌍한 수지가 건초 마차를 타지 못한 것에 대한 기억 때문에 나는 26년 동안 비통함을 느끼는 처벌을 받고 있다.

— 마크 트웨인, 『마크 트웨인 자서전』

24. 아이들이 어렸을 때 맡아 했던 집안일에는 어떤 것이 있는가? 청소년기에는 어떠했는가?

25. 양육에 대해 더 배우기 위해 접해 본 것에는 무엇이 있는가? 어떤 조언이 가장 효과적이었는가? 어디서 그것을 얻었는가? 받아들일 수 없었던 것에는 무엇이 있었는가?

26. 아이들과 함께한 봄, 여름, 가을, 겨울에 대한 기억을 말해 보라.

27. 아이들이 어렸을 때 휴가는 어떻게 보냈는가? 또 세월이 지나면서 어떻게 바뀌었는가? 기억에 선명하게 남는 휴가를 골라서 상세하게 묘사해 보라.

28. 아이들이 어렸을 때 가족 전체가 즐겨 찾은 장소를 말해 보라. 아이들이 자라면서 어떻게 바뀌었는가?

29. 가족이 함께한 명절이나 기념일은 언제인가? 특별했던 기념일에 대해 설명해 보라.

30. 생일은 어떻게 기념했는가? 가족의 생일 가운데 기억에 남는 날을 말해 보라.

31. 아이들이 어렸을 때 함께한 일상적인 식사 시간에 대해 묘사해 보라.
- 누가 있었고 가족들이 좋아했던 음식은 무엇이었으며 어떤 이야기를 나누었는가? 아이들이 자라면서는 어떻게 바뀌었는가?

32. 부모로서 다른 부모들에 비해 가장 수월했던 점은 무엇인가? 또 가장 어려웠던 점은 무엇인가? 쉬웠던 일과 어려웠던 일에 대한 몇 가지 일화를 떠올려 보라.

33. 아이들이 어렸을 때 부모로서 가장 힘들었던 점은 무엇인가? 또 청소년기에는 무엇이 힘들었는가?

34. 집안의 경제적인 형편은 양육과 가족의 삶에 어떠한 영향을 미쳤는가?

35. 아이들이 자랄 때 당신은 가족과 일 외에 어떤 일에 관심을

두고 있었는가? 더 많은 시간을 할애하고 싶었던 일은 무엇인가? 지금이라면 어떻게 하겠는가?

36. 자신의 어린 시절에 비추어 볼 때, 자신과 아이들의 가장 큰 차이점은 무엇이었는가?
- 자신의 어린 시절 경험 중 아이가 꼭 알았으면 했던 것은 무엇인가? 자신의 어린 시절 경험 중 아이가 피했으면 한 것은 무엇인가?

37. 아이들을 가르칠 때 중요한 것은 무엇이라고 생각했는가?
- 아이들로부터 배운 것은 무엇인가?

38. 아이를 키우는 동안 가장 큰 어려움은 무엇이었는가?

◊ 저의 70년 가운데 또 하나 특별했던 시기는 장남 히카리가 머리에 이상을 지닌 채 태어난 이후 5년 동안이었습니다. 일찍이 주지 스님이 현실적인 '삶의 힌트'를 주려 하셨을 때처럼 이번에는 의사분을 의지했습니다. 저와 아내는 히카리를 삶의 중심에 두고 살아갈 각오를 굳힐 수가 있었지요.

하지만 어린아이와 자신 사이에 커뮤니케이션의 파이프가 없다고 느끼는 것은 감정의 기복이 심한 저를 자주 구렁텅이에 빠뜨리곤 했습니다. 아내가, 언제나 열심히 일하는 점은 저의 어머니와 닮아 있으면서도 '한숨'을 쉬지 않는 사람이라는 점은 고마운 일입니다. 그러다가 우연히 히카리가 산새 소리에 흥미를 보인다는 사실을 알았습니다. 우리는, 여자 아나운서가 먼저 새 이름을 말하면 그 새 소리가 이어져 나오는 레코드를 테이프에 옮겨 담아 하루 종일 들으며 지내기로 했습니다. 몇 년이 지나, 여름을 보내러 갔던 기타가루이자와의 산장에서 숲을 통해 들려오는 호숫가의 새 울음소리에―흰눈썹뜸부기입니다, 라고 아나운서의 억양으로 말한 것이 히카리가 발한 최초의 인간다운 낱말이었습니다.

우리는 힘을 얻었고, 산새 소리 레코드를 매개 삼아 히카리와의 소통을 적극적으로 시작했습니다.

— 오에 겐자부로, 『회복하는 인간』

39. 아이들이 병에 걸린 적이 있었는가? 아이들이 아팠을 때는 누가 보살폈는가?

오 네 살 난 아들 녀석이 천연두에 걸렸다. 장난기 많은 귀여운 아이였는데 시름시름 앓다가 결국 우리 곁을 떠나갔다. 나는 언제까지나 애석하기 짝이 없는 심정이었고 지금까지도 그 아이에게 예방약인 우두를 미리 안 놓아 주었던 것이 두고두고 마음에 걸린다. 당시에는 우두를 놓아서 어린 것이 죽기라도 하면 어쩌나 하는 걱정에 우두를 놓지 않는 부모들이 많았다. 내가 이미 겪은 일이기에 그들에게 말한다. 어떻든 유감스런 일은 일어날 수 있으므로, 안심할 수 있는 방법을 택하길 부탁한다.

— 벤자민 프랭클린, 『자서전』

40. 아이들과 떨어져 있던 시기가 있었는가? 어떤 상황에서였고 당신에게는 그 일이 어떠했는가?

41. 아이들이 어렸을 때는 어디에 살았는가?
  * 이사를 다녔다면 언제 어디로 갔는가? 또 어떠한 사정으로 이사를 하게 되었는가? 아이들에게는 어떤 영향을 미쳤는가?

42. 명절이나 여러 행사에서 부모로서 한 역할에 대해 어떤 평가를 내릴 수 있겠는가?

43. 지역이나 공동체 활동에 시간을 할애할 수 있었는가? 그랬

다면 어떤 식이었는가?

44. 아이들은 어느 학교를 다녔는가? 유치원부터 고등학교까지 말해 보라.
   - 각 학교는 어디에 있었는가? 아이들은 어떻게 통학했는가?

45. 아이들이 다니고 있던 학교의 교육 여건은 어떠했는가? 자신이 다닌 학교와는 어떻게 달랐는가?

46. 아이들의 학교 생활에는 어떻게 참여했는가?

47. 아이들의 과외 활동에는 어떤 것이 있었는가?
   - 음악 및 무용 교습, 운동, 취미, 동호회, 기타 단체 활동, 기타 개인 활동 등.

48. 아이들이 특히 열광적으로 좋아했던 일은 무엇인가?

49. 아이들과는 어떤 공통의 관심사가 있었는가? 배우자와는 어떠했는가?

- 아이가 둘 이상 있었다면 그들은 서로 어떤 공통의 관심사가 있었는가? 어떤 것을 경쟁했고 또 어떤 것을 서로 도왔는가?

50. 아이들의 친구를 나이별로 떠올려 보라. 그들은 함께 무엇을 했으며, 당신은 그 친구들과 어울리는 것을 반대하지는 않았는가? 그랬다면 그 이유는 무엇인가?

51. 친하게 지낸 다른 가족이 있었는가? 그들은 누구였고, 함께 무엇을 했는가? 그들은 당신 가족의 삶에 어떤 것을 더해 주었는가?

52. 아이들이 한창 자라고 있을 때 가장 걱정했지만 결코 일어나지 않았던 일은 무엇이었는가? 걱정이 현실이 되어 나타난 것은 무엇이었는가?

53. 부모로서 가장 걱정하고 두려워했던 때에 대해 말해 보라.

54. 흡연이나 음주, 섹스 등에 대해 어떻게 가르치고 대응했는가?

55. 옷이나 음악에 대한 아이들의 기호에는 어떻게 반응했는가? 좋아하는 것을 즐기도록 그냥 두었는가, 아니면 이것저것 간섭을 했는가?

56. 아주 재미있었거나 사랑스러웠던 에피소드는 무엇인가?

> 집으로 돌아오는 차 안에서 갑자기 아들아이가 "엄마, 우유가 거짓말을 했어요." 했다.
> "무슨 거짓말?"
> "거품이 없다고 했는데, 내가 막 흔들었더니 거품이 생기던데요."
> "하하하…"
> 나는 핸들이 이리저리 움직일 만큼 박장대소를 하였다. 며칠 전 우유병 뒷면에서 본 문구가 생각나서였다. 거기에는 '이 우유에는 거품이 없습니다.' 라고 쓰여 있었는데, 바로 유통에 드는 비용을 줄여서 가격 거품을 없앴다는 얘기였다. 그런데 그것을 본 아들아이가 거품이 나는지 안 나는지 우유를 흔들어 본 것이었다.
>
> — 자서전을 쓰고 있는 한 사람

57. 아이들과 함께하면서 가장 좋아했던 일을 묘사해 보라.

- 걸음마를 시작했을 때, 꼬마였을 때, 10대가 되었을 때 등.

✎ 우리는 산책을 하거나 미끄럼틀을 타기도 하고 보드게임을 하기도 했다. 아이에게 책을 읽어 주는 것도 좋아했다. 보통 오후에 소파에 누워서 한두 권을 읽어 주었다. 어머니는 우리에게 멋진 책을 많이 보내 주셨다. 나는 어머니가 나에게 읽어 주셨던 책을 내 아이에게 읽어 주게 되었다.
아들이 자라 나이가 든 지금도 우리는 함께 책을 읽는다. 그러나 이제 책을 읽어 주는 사람은 내가 아니라 내 아들이다.

— 캐서린 반그로버

- 지금 아이들과 함께해서 가장 좋은 일은 무엇인가?
- 다시 그 시절로 돌아간다면 아이들과 가장 하고 싶은 일은 무엇인가?

58. 지금 얻게 된 지혜 가운데 그때 알았더라면 아이들을 다르게 키울 수 있었을 거라 여겨지는 것에는 무엇이 있는가?

59. 아이와 단 둘이서만 보낸 시간을 최대한 구체적으로 떠올려

묘사해 보라.

60. 아이들에게 자아의 소중함을 강조하기 위해 한 일은 무엇인가? 둘 이상의 아이가 있는 경우, 모두 똑같이 대한다는 것을 알려 주기 위해 어떤 노력을 했는가?

61. 아이들 하나하나와 다시 해 보고 싶은 일에 대해 말해 보라. 지금 생각해 보니 더 자주 했더라면 좋았을 일에 대해 말해 보라.

☙ 바로 오늘 아침, 꽉 막힌 도로에서 차는 몇 미터도 쉽게 가기 힘들었다. 정지 신호 앞에서 차를 멈추고 앞차가 가기를 기다리던 중, 백미러를 통해 길을 걷고 있는 두 사람을 보았다. 햇살이 그들의 얼굴을 비추고 있었다. 아들과 어머니 같았다. 아이는 몇 살일까? 일곱 살 아니면 여덟 살 정도. 두 사람은 서로를 바라보며 웃고 있었다. 그들을 바라보는 내 얼굴에도 미소가 번졌다. 그들은 정다운 얼굴로 몇 마디를 주고받고는 또 서로를 바라보며 웃었다.
다음 정지 신호 부근에서 그들을 다시 보게 되었다. 나란히 걷고 있는 그들의 얼굴은 여전히 미소를 가득 띠고 있었고 따뜻함이 느껴졌다. 나는 오래전, 아주 오래전의 그 시절을 돌이켜 보았다. 나의 아이들, 내가 사랑하는 아이들과 나도 그처럼 따뜻한 시간을 함께 했던가?

— 자서전을 쓰고 있는 한 사람

62. 자신의 사춘기 경험이 10대 자녀를 대하는 데 어떤 영향을 끼쳤는가?

✐ 나의 10대 시절이 그렇게까지 힘들었는지는 잘 기억나지 않는다. 그러나 그 시절이 쉽지 않았던 것만은 확실하다. 한번은 딸과 함께 앉아 이런저런 이야기를 하고 있었다. 그다지 심각한 주제는 아니었다. 그런데 갑자기 딸아이가 일어서더니 나를 향해 큰소리로 말했다.
"엄만 절대 이해하지 못할 거예요!"
그러고는 자기 방으로 들어가 버렸다. 나는 너무 놀라 어찌할 바를 몰랐다.

— 도리스

63. 자신의 직업이나 취미가 아이들의 성장에 어떤 영향을 끼쳤

다고 생각하는가?

64. 자신이 살면서 내린 여러 가지 결정이 아이들에게 어떤 영향을 끼쳤다고 생각하는가? 배우자의 경우는 어떠했는가?
- 직업의 변화, 이사나 이민 등.

65. 배우자와의 관계가 아이들에게 어떤 영향을 끼쳤다고 생각하는가?

66. 아이들이 자신의 품을 떠나 세상을 향해 새로운 출발을 한다고 느낀 시점은 언제였는가? 그 느낌은 어떠했는가?

67. 어른이 된 자녀에 대해 가장 염려스러웠던 점은 무엇이었나?
- 아이들이 겪는 어떤 어려움이 당신에게도 힘들었는가?

68. 성인이 된 자녀들과의 관계에서는 어떤 특별한 즐거움이 있었는가?

69. 자신이 내린 여러 결정들 중에서 아이들을 보호하기 위한 것

에는 무엇이 있었나? 그것을 실현하기 위해 직접적으로 또는 눈치 채지 못하게 한 일은 무엇인가?

70. 아이들의 성장기에 대한 기억 가운데 자주 즐겨 떠올리는 것은 무엇인가? 부모로서 가장 큰 기쁨을 느꼈던 일은 무엇인가?

71. 유년기 시절 아이들의 장점과 단점은 무엇이라 생각하는가? 아이들이 유년기에 어떤 식으로 시대와 장소의 영향을 받았다고 생각하는가?

72. 아이들을 대하는 데 있어 당신의 부모님에게서 영향을 받은 점은 무엇인가?

73. 부모로서 우리 모두는 후회스런 기억이 있다. 되돌아간다면 다르게 했을 후회되는 일은 어떤 것인가?

✎ 아버지가 일찍 돌아가시는 바람에 나는 어머니와 할머니 손에서 자랐다. 그래서일까? 아버지가 된다는 것이 어떤 것인지 정확히 알

수 없었다. 나는 번듯한 직업도 갖고 싶었고 결혼해서 아이도 낳고 싶었다. 스스로 그런 사랑스런 가족의 일원이고 싶었다. 가부장적인 아버지의 모습은 결코 그려 보지 않았다. 그냥 가족의 일원이 되고 싶었다. 그리고 마침내 내 가족이 생겼다.

나는 아이들을 엄격하게 키우겠다는 생각에 회초리를 가끔 들었는데, 아주 분명하게 기억나는 일이 있다. 아이들이 자동차 바퀴를 망가뜨려 놔서 잔뜩 화가 난 채 복도를 걸어가고 있었는데, 크리스틴이 웅크리고 숨어 있는 모습이 보였다. 나는 무언가로 머리를 얻어맞은 듯한 충격을 받았다. 아이가 나를 무서워하는 건 내가 바라는 게 아니었다.

나는 그날 저녁식사 자리에서 다시는 회초리를 들지 않겠다고 공언했다. 나는 그 약속을 지켰고 그것은 아주 큰 차이를 만들어 냈다.

— 월트 크레버

74. 아이들 각자의 의견과 개성을 존중하기 위해 어떤 노력을 했는가?

75. 당신이 아이들에게 해 준 것 가운데 가장 잘했다고 생각하는 것은 무엇인가?

76. 아이들에게 절대 알게 하고 싶지 않았거나 주고 싶지 않았던 것은 무엇이었는가?

77. 아이들 생활의 일부였던 어떤 물건이나 사진 등을 지니고 있다면 그것을 꺼내 놓고 한번 만져 보라. 어떤 생각이 떠오르고 무엇이 느껴지는가?

78. 아이들에게 가장 전하고 싶은 메시지는 무엇인가?

79. 아이들이 항상 유념하기를 바라는 것은 무엇인가?

○ ○ ○
중년으로 접어들어

"마침내 모든 것이 자리를 잡아 가고 있었다. 결혼 생활, 딸아이 그리고 나의 일까지." 톰이 기억을 떠올린다.

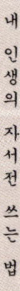

이제는 좀 여유를 가질 수 있겠구나 하는 생각을 했다. 또 그래야 한다고 늘 믿어 왔던 것으로 기억한다. 우리는 진짜 열심히 일했다. 그리고 무엇보다 운도 좋았다. 예를 들어, 딸아이가 자라면서 많이 아프거나 하는 일로 병원 신세 한 번 크게 진 일이 없었다. 나는 연로해지시는 부모님을 도울 수도 있었다. 행복한 일이었다.

그러나 나의 이 행복을 깨뜨릴 무언가 힘든 일이 생겨나지는 않을까 하는 두려운 마음이 가슴 한구석에 자리하고 있었다. 다행히 내가 염려하는 일들은 일어나지 않았다. 이런저런 염려로 한밤중에 일어나 거실에 앉아 내가 뭔가를 놓치며 사는 건 아닌가 하고 깊이 고민했던 기억도 난다. 내가 주의를 기울였어야 하는데 놓친 것은 없는가, 내가 챙겨야 하는 일인데 잊고 사는 건 없는가 하고 말이다. 나는 지금까지도 내가 운이 좋았고 신의 축복을 받았다고 생각한다.

이 글에서 톰이 말하는 것처럼 가족과 일, 사회, 자신에게 쏟는 에너지와 시간의 결과를 맛보게 되는 것은 중년에 들어서면서부터이다. 중년의 시기인 40대와 50대는 안정감을 누리는 동시에 더 큰 책임을 지게 되는 시기이며, 그동안을 평가하고 '주의를 기울이는' 시간이기도 하다.

때때로 평가의 결과가 충격적으로 다가오기도 한다. 마이클도 그런 기억을 갖고 있다.

내가 수많은 다른 선택을 할 수 있었다는 사실을 그때는 알지 못했다. 결혼 생활은 깨져 가고 있었다. 나는 뭔가를 하려면 곧 죽어도 지금이 아니면 기회가 없다는 식이었다. 늘 당장에 결단을 내리는 쪽을 택했고 그것에 책임을 지기로 했다.

마이클은 40대 중반에 들어서자 모든 것이 흔들리는 듯한 느낌을 받았다. 아직도 그 충격에서 벗어나지 못했으며 남은 삶을 어떻게 살아갈 것인지에 대한 두려움도 갖고 있다.

'중년의 위기', 이제 모두에게 익숙한 말이다. 이런 말이 있다는 사실조차 모르고 살아갈 수 있으면 좋으련만, 이 시기가 되면 누구나 다시 한 번 자아를 찾으려는 시도를 하게 되고 결국 이 말과 마주치곤 한다. '난 무엇을 하고 있는가? 나는 이렇게 운명 지어진 존재인가?' 인간은 죽을 수밖에 없는 존재임을 실감하며 자신의 건강에 부담을 갖기도 한다. 이제 예순이 된 패티는 자신의 중년 시기를 되돌아보며 이렇게 쓴다.

나는 내가 늘 다른 이들에게 주목받는 사람이라고 믿었다. 하지만 마흔아홉 살이 되었을 때 나는 깨달았다. 그동안 내가 그럴 만한 일을 전혀 하지 않았다는 사실을. 그때까지 나는 괜찮은 삶을 살았고 흥미로운 일들을 해 왔지만, 만약 내가 그러한 이미지를 포기하면 어떻게 될까 하는 궁금증이 생겨났다.

이 같은 궁금증은, 생각하고 살아가는 데 근본적인 변화를 유도하거나 적어도 소소한 변화와 작은 모험에 도전하게 한다. 마브레의 글을 보자.

나는 가르치는 것을 좋아하고 아이들도 사랑했다. 우리가 사는 이곳에서 나는 아이들이 필요로 하는 것은 무엇이든 가르칠 요량이었다. 수업 첫날 교회 지하실에는 마흔다섯 명의 6학년 아이들이 모여 있었다. 얇은 칸막이 너머에는 또 다른 아이들이 마흔다섯 명 모여 있었다. 화장실은 하나뿐이었고 운동장은 없었다. 나는 특별히 조지라는 아이를 기억한다. 조지는 나쁜 아이는 아니었고 다만 대단히 활동적이었다. 그 좁은 공간에서 내가 가르치는 학생들을 포함하여 수많은 아이들과 북적이며 생활해야 했던 그때의 상황은 결코 쉽지 않은 것이었다. 그해 이후, 나는 내 인생이 분명 더 나아질 것이라 믿게 되었다. 도서관 사서인 한 여자 분을 알게 됐는데, 나라고 왜 그분이 하는 일을 못하겠는가 하는 생각을 하게 된 것이다. 나는 항상 책을 사랑했다. 그래서 학자금을 융자 받아 일주일에 세 번 대학에 공부하러 다녔다. 사서 학위를 받을 수 있는 모든 수업을 들었다. 그렇게 하여 내가 도서관 사서가 된 것은 마흔다섯 살이었다. 나는 나에게 꼭 맞는 직업을 찾았다고 느꼈다. 나는 이 일을 무척 사랑한다.

앤은 중년 시절을 회상하면서, 그때 느낀 내면의 소리를 60대에 이른 지금까지 간직하고 살아왔다고 말한다.

그날 인권 신장을 위해 개최된 행사에서 연설을 들으며 나는 대단히 큰 감동을 받았다. 따지고 어쩌고 할 것 없이 나는 바로 그 일에 동참했다. 처음 해 보는 일 같지 않게 잘 맞았고 내 일부 중 하나를 다시 만난 느낌이었다. 시간이 지나면서 간단한 연설도 하고 행사도 기획했다. 걱정을 많이 했는데 잘 해냈다는 생각이 들었다. 행사가 끝나고 누군가 내가 힘이 있어 보였다고 했다. 기분이 좋았다. 예전에는 그런 말을 들어 본 적이 없었다. 새로운 나의 발견이었다. 내 열정과 지성 모두가 힘을 발휘하는 일이었다.

앤과 마브레의 짧은 이야기는 중년의 나이를 어떤 의미로 해석할 수 있는지를 일깨워 준다. 경험이 어떻게 자신을 제한하는지, 반면 자아의 또 다른 발견이 얼마나 자신을 더 크게 키울 수 있는지를 보여 준다. 여러 세세한 기억을 들추어 보면 다른 많은 이들의 삶에서도 이런 요소를 발견하게 될 것이다. 우리는 앤처럼 연설하는 모습을 발견할 수도 있고, 마브레처럼 교회 지하실에서 조지와 또 다른 아이들과 함께 있는 모습을 발견할 수도 있으며, 톰처럼 어둠 속에서 등을 곧추세우고 자신의 삶을 고민하는 모습을 발견하게 될지도 모른다.

여기에서는 우리 삶의 이러한 모습에 대해 자세하게 그리고 구체적으로 질문을 던질 것이다. 당신이 쓴 글을 읽는 사람들에게 당신이 누구인지 알 수 있도록 하기 위해서. 그리고 스스로 자신의 삶이 어떤 의미였는지 발견할 수 있도록.

> 과거는 결코 죽지 않는다. 그냥 지나쳐 가지도 않는다.
> ─ 윌리엄 포크너 William Faulkner, 『어느 수녀를 위한 진혼곡 Requiem for a Nun』

중년의 그때로 기억을 되돌려 보자. 어디에 살았는가? 그 시절 보편적으로 수용된 여성과 남성의 역할은 무엇이었는가? 정치적·역사적·문화적 사건에는 어떤 것이 있었고 그 사건은 삶에 어떤 영향을 끼쳤는가? 유행했던 음악, 책, 놀이, 패션, 자동차, 음식 등에 대해 써 보라. 25달러로 무엇을 살 수 있었는가? 생활비는 어느 정도 들었는지 예를 들어 보라.

1. 자신이 살았던 지역과 그곳 날씨, 문화 등에 대한 얘기와 당시 삶이 어떠했는지 써 보라. 그 시기에 살았던 집의 구조에 대해서도 설명해 보라.

2. 중년으로 접어드는 시기, 당신의 가족에 대해 말해 보라.
 • 누가 결혼했는가? 아이들이 있었다면 각각 몇 살이었는가? 부모님은 살아 계셨는가? 가족들은 어디에 살았는가? 함께 살지 않는 가족은 얼마나 자주 만났는가?
 • 그 시기 가족에게 있어 획기적인 사건이라 할 만한 것에는 무엇이 있었는가? 그것은 이후의 20년을 어떻게 바꾸었는가?

3. 당시 하고 있었던 일에 대해 말해 보라. 그 일에 대해 어떻게 느꼈는가? 얼마나 오랫동안 그 일을 하고 있었는가?
 • 직장은 어떻게 잡았고 그 일에서 무엇을 얻었는가?
 • 때때로 환상을 품었던 또 다른 삶은 어떤 것이었나?
 • 자신의 일과 관련하여 미래를 위해 무엇을 계획하고 무엇을 희망했는가?

4. 40대의 어느 날, 평일을 어떻게 보냈는지 설명해 보라.

- 50대의 어디쯤으로 돌아가 보라. 그때의 일상은 40대의 일상과 어떻게 달라졌는가?

5. 그 시기, 자신의 인생에서 가장 의미 깊었던 사람은 누구인가?

✒ 나이 40에 접어들자 모임에 나오는 친구들이 두 부류로 나뉘는 듯했다. 경제적으로 여유 있는 쪽과 그렇지 않은 쪽. 여유가 있는 친구들은 그들끼리 또 다른 모임을 갖는 듯했고, 여유가 없는 친구들은 점점 모임에 나오는 횟수가 줄어 갔다. 결국 살아가는 데 제일 큰 힘은 돈인가, 하는 생각에 우울해진 나는 모임에 참가하는 일이 예전처럼 즐겁지가 않았다.

그때 한 친구가 딸을 입양했다는 소식을 들었다. 경제적으로 여유 있게 사는 친구도 아니었고, 아이도 이미 둘이나 낳아 키우고 있었는데, 7살 된 여자아이를 입양했다고 했다. 정말 큰 결심을 했다고 그 친구에게 말하니, "아이가 주는 기쁨이 얼마나 큰지 몰라. 내가 키운다고는 하지만, 아이가 내게 주는 것이 더 많아."라는 대답이 돌아왔다. 아이를 키우려면 돈도 많이 들 텐데 부담스럽지 않겠느냐는 질문에도 그 친구는 "특별히 걱정되는 건 없어. 다른 아이들에 비하면 못해 주는 게 있기도 하겠지만, 내 마음은 그렇지 않으니 아이도 알아주겠지."라고 대답했다.

— 자서전을 쓰고 있는 한 사람

6. 가장 가까웠던 사람은 누구였는가?

7. 친구들은 누구였는가? 어떻게 우정을 지켰으며 그 친구들과 함께 있을 때에는 주로 무엇을 했는가?

8. 이웃은 누구였는가? 서로 어떻게 교류했는가?

9. 토요일이나 일요일은 어떻게 보냈는가?

10. 몸을 움직이는 활동으로는 어떤 것을 했는가? 개인적으로 했던 운동이나 단체에 참여했던 경험을 말해 보라.

11. 혼자 있었다면 어떻게 시간을 보내고 싶었는가? 어디에 더 많은 시간을 쓰고 싶었는가?

12. 아이들이나 배우자, 부모님과 함께한 활동에는 무엇이 있는

가? 시간이 흐르면서 이 활동에 어떠한 변화가 생겼는가?

13. 오래도록 기억에 남는 휴가나 여행에는 어떤 것이 있는가? 여행의 추억에 대해 말해 보라.

14. 지역사회에는 어떤 식으로 관여했는가?

15. 그 시기에 발생한 주요 사건들에 대해 말해 보라.

16. 그 시기에 새로 생긴 관심사가 있었는가?

17. 시간이 더 충분했으면 꼭 했을 것 같은 일은 무엇인가?

18. 마지막까지도 포기할 수 없었던 꼭 하고 싶었던 일은 무엇인가?

19. 당시의 가장 큰 즐거움에 대해 말해 보라. 그 시기에 가장 중요하게 여긴 가치는 무엇이었는가?

20. 지식과 능력을 키우기 위해 지속적으로 노력을 기울인 부분은 무엇인가?

21. 그 시기 가장 우선에 두었던 일은 무엇이었는가? 왜 그러한 선택을 했는가?

22. 그 시기 자신의 힘으로 해결해야 했던 어려움에는 어떤 것이 있었는가? 두려워하고 걱정한 일은 무엇이었는가?

23. 그 시기 개인적인 성공으로는 무엇을 기억하는가? 할 수 없다고 생각했으나 해낸 일에는 무엇이 있는가?

24. 뒤늦게 깨달은 것으로, 지금이라면 다른 선택을 하리라 여겨지는 일은 무엇인가?

> 나를 사랑했든 혹은 미워했든, 그 사람이 진짜 사내였다면 나는 증오든 연민이든 기꺼이 받아들였을 텐데. 왜 나는 내가 알고 있는 대로의 그의 모습을 보려 하지 않았을까.
>
> — 앙드레 모루아 André Maurois, 『나의 기억 *I Remember, I Remember*』

25. 에너지를 가장 많이 쏟았던 일은 무엇인가?

26. 그 시기 가장 큰 과제는 무엇이었는가?

27. 그 시기에 인생의 전환점이 되었던 일에 대해 말해 보라. 그리고 왜 그것이 그토록 중요한 의미가 있었는지 말해 보라.

28. 위험을 무릅쓰고 했던 일이지만, 지금에 와서 생각해 보니 잘했다고 생각되는 일에 대해 말해 보라.

29. 압박과 스트레스를 느낄 때는 무엇을 했는가? 가장 도움이 되었던 일은 무엇인가?

30. 그 시기 자신에 대해 무엇을 배웠다고 생각하는가? 감사해야 하는 점은 어떤 것인지 되새겨 보라.

31. 살아온 인생을 놓고 볼 때 그 시기 중 가장 좋았던 때는 언제였는가?

○ ○ ○
할아버지, 할머니가 되어

나의 첫 손자가 막 아장아장 걷기 시작했을 때, 우연히 어느 수프 광고를 보게 되었다. 벙어리장갑을 낀 한 소년이 눈 속에서 빠져나와 따뜻한 부엌으로 들어가는 모습이었다. 식탁에는 김이 모락모락 올라오는 수프 두 그릇이 놓여 있었다. 광고의 하이라이트는 백발이 성성한 할아버지가 손자를 따뜻하게 안는 장면이었다. 이 장면은 나에게 손자에 대한 환상을 심어 주었다. 나는 손자들이 길 아래에 있는 할아버지, 할머니 집에 걸어서 찾아오게 되리라 기대했고, 그때에 맞추어 편안한 분위기의 주방에 따뜻한 음식을 준비해 두고 아이들을 즐겁게 맞이하리라 다짐했다.

그런데 실상은 그렇지 못했다. 아이들이 그러한 장면을 연출하지 않아서가 아니라 손자와 내가 서로 대륙의 반대편에 살았기 때문이다. 4천 킬로미터 이상이나 떨어진 곳에. 매주 전화도 하고 편지도 주고받는데다 매년 방문도 하지만, 그럴수록 '길 아래 사는 할아버지, 할머니'에 대한 환상만 커져 갔다.

아주 어렸을 때 할아버지, 할머니를 여읜 우리 아이들이 그분들에 대해 어느 정도나 기억하고 있는지 모르겠다. 다른 가족은 아직 깨지 않은 이른 아침에 할아버지, 할머니의 커다란 침대로 달려가 함께 누워 책을 읽거나 비오는 날 종이배를 만들어 좁은 수로에 띄우던 일을 우리 아이들은 기억할까? 아이들이 할아버지, 할머니를 만난 것은 여름휴가 때 정도였고 그것도 일 년에 일주일 정도로 시기도 일정치 않았다.

내 주변 사람 중에 할아버지, 할머니와 즐거운 시간을 보낸 경험이 있는 이들은 종종 그 이야기를 화제에 올린다. 이는 분명 그들에게 소중한 기억이다. 그런데 요즘에는 할아버지, 할머니와 손자들 간에 이런 소중한 만남이 점점 더 늦게 시작되고 있다. 자식들이 워낙 결혼을 늦게 하는데다 아이를 갖는 일도 미루고 있기 때문이다.

일부 할아버지, 할머니는 성장한 자녀들이나 손자, 손녀에게 얽매이는 것을 거부하고 자유롭게 여행을 다니기도 한다. 집에서 손자들이나 보면서 시간 보내는 걸 원치 않아서인데, 그들은 대개 본인들이 아직도 모험을 즐길 나이라고 믿고 있다. 어떤 이들은 다른 사람들보다 상황이 더 복잡하다. 내 친구 중 하나는, 손자에게 할아버지, 할머니가 여덟이나 있는 통에 그 속에서 자신의 위치를 정립하느라 바쁘다.

어쨌거나 요즘에는 손자, 손녀의 양육까지 책임져야 하는 조부모들이 많아지고 있다. 토니 마르티네즈는 자신이 손자에게 있어 아버지이자 어머니이고 할아버지라고 말한다. 예순한 살인 그는 아주 건강하게 자신을 관리하고 있다. 좋아하는 야구 연습에도 빠지지 않고 장을 보는 일도 즐겨 하며 매일 아침 손자를 학교에 데려다 주고 일을 마친 뒤 데려온다고 한다.

조부모가 필요한 이유는 곳곳에서 확인할 수 있다. 부모는 일하느라 바쁘고 가족은 뿔뿔이 흩어져 살기 일쑤다. 많은 젊은이들은 조부모와의 유대관계 없이 살아가고 있다. 삶의 오래된 지혜와 사랑을 간직하고 있는 연장자와 대화를 나눌 기회를 갖지 못하고 있다.

지역 은퇴자 센터에서 만난 한 여성은 캘리포니아로 이사 오면서 새로 얻게 된 자유 시간을 즐기기 위해 온갖 계획을 세우고 있었다고 했다. 그런데 바쁘게 살아가는 딸과 사위를 만나고 온 뒤 그들에게 중요한 것이 결핍되어 있음을 발견했다. 바로 집에서 해 먹는 음식이었다. 사실 그녀의 딸은 즐겨 요리를 할 만큼 시간이 넉넉하지 못했다. 그래서 그녀는 대신 요리를 해 주는 것이 자식과 손자들에게 좋은 선물이 될 것이라 생각하고 일 년 정도 그들의 저녁을 준비해 주었다. 때때로 냉장 음식이나 패스트푸드를 먹기도 했지만 딸 가족은 대개 훌륭한 저녁식사를 즐길 수 있었다. 학교에서 돌아온 손자들은 주방에서 무언가를 먹기도 하고 그녀가 음식을 준비하는 것을 돕기도 했다. 그러면서 손자들과 서로를 알아 가는 기쁨도 맛보았다.

지금은 그때처럼 요리를 자주 하지는 않지만 요리는 이제 그녀의 취미가 되었다. 요리책을 보는 것도 좋아해서 2주에 한 번은 가족을 은퇴자 센터에 있는 그녀의 작업장으로 초대해 직접 요리한 저녁을 즐거이 대접한다.

어떤 이들은 조부모가 되는 것을 부모가 되는 두 번째 기회라며 반색한다. 나는 손자들과 함께 계신 아버지를 보며 놀라워했다. 아버지는 우리를 잘 보살피셨고 너그러우셨지만 그다지 말씀이 없으셨고 다소 거리를 두시는 듯했다. 운전을 하실 때나 길을 걸으실 때에도 노래를 부르는 모습은 본 적이 없었다. 그런데 할아버지로서의 아버지는 손자들과 함께하길 좋아하셨다. 해 질 녘이면 마당에 나와 아이들과 오랫동안 즐거운 대화를 나누셨다. 때때로 무릎에 앉아 있는 작은 손자 아이는 이야기를 들으며 대답 대신 할아버지 얼굴을 손으로 쓰다듬기도 했다. 이 책을 읽는 당신도 그들의 목소리를 상상할 수 있을 것이다. 할아버지와 손자들이 이야기를 나누는 평화롭고 사랑 가득한 모습 말이다.

나는 앞서 말한 수프 광고를 기획한 사람이 실제로 자신의 기억 속에서 그러한 광고를 이끌어 낸 것이 아닌가 생각한다. 아니면 나처럼 손자들에 대해 환상이 있는 사람일까? 나는 그냥 여유롭게 여기저기 다니며 자유와 인생을 만끽하고 싶기도 하지만, '저 길 아래에' 살고 싶은 마음이 더 강하다는 것을 잘 알고 있다.

다른 모든 일이 그렇듯 조부모가 되는 데에도 특별하고 다양한 일들이 많이 생긴다. 당신의 개인적인 일들을 적어 보라. 언제고 당신의 손자들이 틀림없이 그것을 읽을 것이다.

1. 손자들의 이름과 나이, 출생년도를 적어 보라. 아이들은 어디에 살고 있는가?

2. 손자들이 태어날 때 당신은 어디에 있었고 어떤 일을 했는가?
   자신이 조부모가 되었다는 걸 알았을 때 어떤 느낌이었는가?

3. 태어난 손자를 처음 보았을 때의 느낌은 어떠했는가? 그때의
   일을 떠올리며 묘사해 보라.

   ✒ 태어난다는 것 자체의 폭력을
   이겨 낸 작은이는,
   아직 보이지 않는 눈을 꽉 감고 있다.
   첫손자에게서 자신의 모습을 보고
   가까이 가져간 얼굴의 기척에,
   작은이는 울기 시작한다…
   노년의 나 자신이
   갓난아기 분장으로
   울어 대고 있는 것 아닐까?
   이 아이가 살아갈 세월은,
   그 가혹함에 있어서
   나의 70년을 넘어서리라.
   작은이는,

물어 올 언어는 없으나,

정교한 미니어처의 손가락을 펼쳐,

열심히 더듬고 있다.

— 오에 겐자부로, 『회복하는 인간』

4. 조부모가 된 당신의 앞으로의 모습을 어떻게 그려 보았는가?

5. 자신과 손자들의 생활에서 서로 연결된 부분이 있었는가? 있었다면 어떤 것이었는가?

✎ 나는 야구를 사랑했다. 손자도 야구를 좋아했다. 아이가 세 살 때부터 나는 야구를 가르쳤다. 그건 우리 둘 다에게 참 좋은 일이었다. 아이는 작지만 훌륭한 선수였다. 우리는 저녁마다 근처에 있는 공원에서 공을 치는 연습을 했다. 나는 항상 손자에게 잘하고 있다며 격려해 주었다. 아직 어린아이였다. 벌써 뭔가를 걱정할 나이는 아니었다. 나는 내가 항상 옆에 있음을 아이에게 확인해 주었다. 이는 내게도 큰 도움이 되었다. 나도 아이와 함께 있는 것이 좋았고, 무척 행복했다.

— 토니 마르티네즈

6. 조부모로서 가장 좋았던 점을 구체적으로 써 보라.

7. 조부모가 되었을 때 자식과의 관계는 어떻게 변화했는가?

8. 조부모가 되었을 때와 부모가 되었을 때를 비교해 보라. 감정과 태도가 어떻게 다른가?
   - 자식들과 했으면 하고 바랐던 일 가운데 손자들과 한 것은 무엇인가? 그것은 혹시 당신이 당신의 부모님과 하고 싶었던 일인가?
   - 조부모로서 해 볼 만한 일이라 생각한 것은 무엇인가?

9. 조부모가 되어 지금까지 배운 것이 있다면 무엇인가?
   - 조부모로서 충격을 받거나 놀랐던 일은 무엇인가?

> 나는 내가 손자들의 삶에서 중요한 역할을 하리라 기대했다. 그런데 그러질 못했다. 손자들에게 거리감을 느꼈고 그러면서 상실감마저 들었다. 이제 그 아이들은 10대가 되고 있다. 더욱 낯설게만 느껴지고 그들과 어떻게 대화를 나눠야 할지 알 수가 없다. 나는 그것이 무척이나 슬프다.
>
> — 로이스 라볼리

10. 자식들이 아이를 기르는 방법에 대해 묻는다면 어떤 조언을 해 주겠는가?

11. 자식과 손자들의 관계는 어떠했는가? 그들의 관계는 갈수록 좋아지고 발전해 갔는가?

12. 조부모인 자신의 모습을 묘사한다면?

13. 손자들과 어떤 관계를 맺고 싶었는가? 그 관계를 실제로 어떻게 발전시켰는가?

14. 손자들과 하고 싶었던 일에 대해 말해 보라. 손자들과 하려고 옛날부터 마음속에 담아 둔 것이 있는가? 있다면 무엇인가?

15. 그중에서도 손자들과 가장 하고 싶었던 일은 무엇인가?

☙ 손자, 손녀가 태어남으로써 생겨나는 가장 엄청난 놀라움은 그들이 수십 년간 살아온 나의 삶에 대해 보상과 혜택을 제공한다는 사실이다. 이는 거스를 수 없는 진실이다. 그들은 내게 할머니로서

의 기억을 만들어 주었다! 나의 할아버지, 할머니는 스코틀랜드에서 사시다가 돌아가셨다. 나는 그분들을 뵙지 못했다. 나는 이 사실이 늘 안타까웠다. 나는 내 손자, 손녀에게 우리 세대와의 연결 고리가 되어 줄 생각이다. 어떤 식으로든 할 수 있으리라 믿는다. 의식적으로든 무의식적으로든 아이들이 그러한 연결 관계가 있음을 알아주었으면 한다. 나는 이것을 무척 중요하게 생각한다.

— 파트리샤 커민스 쿠크

16. 아이들 모두에게 조부모로서 격려의 말을 남겨 보자.

17. 손자들이 자신을 어떻게 기억해 주기를 바라는가?

○ ○ ○
노년을 보내며

아침에 신문을 가지러 대문을 나서면, 늘 그렇듯이 나와 똑같은 일을 하고 있는 옆집의 빌 펨버튼을 만난다. 그는 올해 여든다섯 살이다. 그는 빨간 격자무늬 가운을 두르고 낡은 카우보이 부츠를 신고 있다. "안녕하세요?" 하는 나의 인사에, 그는 뉴스에 대한 간단한 촌평과 함께 자신의 하루 계획에 대해 말한다. 그 계획이란 극동지역 회의에 참석하는 것일 수도 있고 민물낚시일 수도 있으며 좀 떨어진 곳에 사는 가족을 만나는 것일 수도 있다.

어쩌면 평소처럼 개인 사무실에 가는 것일 수도 있다. 여든세 살인 그의 아내 오마는 지역 병원에서 자원 봉사를 하거나 유기농 가게에서 야채를 살 것이다. 나는 집 안으로 들어가 소리쳤다.

"나도 더 나이가 들면 빌과 오마처럼 살고 싶어!"

지난 십 년간 이 책에 실린 질문들을 작성하면서 은퇴자 센터에서 많은 사람들의 사연에 귀를 기울이고 그들과 이야기를 나누었다. 교회 미팅 룸이나 거실에서 만나기도 하고 주방의 식탁에서 마주앉기도 했다. 중년을 넘어선 시기에 초점을 맞추자 60대와 70대, 80대, 90대가 오늘을 개척한 이들이라는 것을 금방 알 수 있었다. 여든두 살의 마브레 크루거는 자신의 세대를 부모님 및 조부모님 세대와 비교하며 이렇게 말했다.

"오늘날은 예전과 크게 달라요. 예전엔 사회 안전망이란 게 없었어요. 좋은 의료 서비스도 없었고. 그러다 보니 대개 오래 살지 못했죠."

건강이라든가 재정 상태가 노년의 삶에 큰 영향을 미치는 것은 사실이지만, 다양하고 선구적인 활동 또한 그 못지않게 중요하다.

"여든두 살이 되니 에너지를 아껴야겠다는 생각이 들어요. 힘이 좀 덜 드는 일을 해야겠구나 하면서 말이죠. 그래도 조심하고 자주 쉬어 주면 못할 일이 없겠다는 생각도 들긴 해요. 가장 큰 즐거움은 독서예요. 나는 엘더 호스텔(Elder Hostel, 1975년 미국 뉴햄프셔 대학에서 시작되었으며 처음에는 방학 때 대학 기숙사와 강의실, 도서관, 박물관을 활용해 60세 이상 세대에 학습 기회를 제공하는 평생교육의 하나였다. 지금은 각종 체험학습과 여행이 결합되고, 대상 연령이 55세 이상으로 낮아지고, 자녀나 손자·손녀가 동참하는 세대 간 교류 프로그램 등이 다양하게 도입되어 운영되고 있다.— 옮긴이)을 좋아해요. 50군데쯤 가 보았는데, 와이오밍의 엘더 호스텔에 가서는 '슈퍼맨' 의 루이스와 클라크 얘기에 열광했지요."

나는 시니어 세대에게서 우리 앞에 있는 새로운 가능성을 배울 수 있다고 믿게 되었다. 70대인 도리스는 남편이 살아 있을 때 탔던 화물 수송기를 지금도 타고 있다.

"최근엔 아시아 남동쪽 곳곳을 돌아보았어요. 그러다 보니 러시아나 중국도 가 보고 싶더군요. 이 나이에도 못할 것이 없다는 생각이 들어요. 딸아이는 가끔 내가 제정신이 아니라고 말하기는 해요. 하지만 이제 나더러 뭘 해라, 뭘 하지 마라, 하며 제동 걸 사람은 없어요. 다만 요즘 화물 수송기는 승객을 잘 태우려 하지 않아 문제죠."

70대 중반의 사람에게서 이런 이야기를 들으리라고는 상상도 못했다.

이처럼 시니어 세대의 얘기를 들으면서 나는 60대에 내가 하고 있을 일에 대한 새로운 기대와 설렘이 생겼다. 곳곳에서 나는 60살이 넘어서도 카약과 도보 여행, 하이킹 등을 즐기고 40대, 50대에 했던 일이나 꿈꾸던 것 이상으로 활발히 활동하는 사람들을 볼 수 있었다. 그러나 점차 생물학적인 한계가 많아지는 시기이므로 적극적인 활동에도 각기 다른 방식이 필요하다는 것 또한 확인할 수 있었다.

나의 어머니는 말년에 그다지 건강하지 못하셨고 결국 67세에 돌아가셨다. 그래도 돌아가시기 전에 지역 사회에서 줄곧 봉사 활동을 하셨고 즐거움을 찾으려고 노력하셨다. 교회의 추수감사절 만찬을 갈 곳 없는 이들을 위한 마을 전체의 잔치로 확대하기도 하셨다. 세 아이를 돌보느라 무척 바쁜 아이 엄마를 위해 젤리 사탕을 우편함 가득 채워 놓는 깜짝 선물을 하기도 하셨다. 또 소리를 지르며 고무 튜브를 밟고 급류가 흐르는 강을 건너기도 하셨다. 마지막 해에도 비록 침대나 휠체어에서였지만 당신에게 다가 온 그 누구라도 반갑게 적극적으로 대하셨다. 항상 타인의 말을 경청하며 이제 시간이 얼마 남지 않았다는 데서 오는 솔직함으로 사람들을 걱정했고, 느슨해지기 쉬운 끈을 바짝 조이며 기쁨으로 가득한 삶을 살고자 하셨다.

완전히 새로운 영역에서 살고 있는 시니어 세대를 보면서 우리는 많은 것을 배울 수 있다. 인생의 어느 국면에서 완전히 다른 상황에 처했을 때, 우리에게는 지침이 되어 줄 도표나 지도가 없다. 존은 노년의 시기에 대해 이렇게 썼다.

"나이가 들어야 알게 되는 것이 있습니다. 사람마다 다 다르겠지만, 나는 나 자신에게 진실해져야 함을 알게 되었지요. 그냥 낭비해 버릴 시간이 없다는 것을 깨닫게 된 겁니다."

그렇다면 당신은 무엇을 발견했는가? 아래 질문들을 통해 당신만의 독특한 경험과 생각, 느낌을 얘기해 보도록 하자. 이는 노년의 삶에 대한 지식이 되어, 당신의 글을 읽는 이들에게 삶의 도표나 지도가 되어 줄 것이다.

  ✑ 당신이 나이를 먹을수록 사람들은 더욱더 당신에 대한 얘기를 듣고 싶어 할 것이다.

— 엘렌 코트, '초보자에게 주는 조언'

1. 당신이 사는 곳을 전체적으로 그려 보라. 그곳에 대해 어떻게 생각하는가? 그곳을 이상적으로 만드는 것은 무엇인가?

2. 평일이나 주말에는 어떻게 시간을 보내는가?

3. 지금의 자신에 대해 묘사해 보라.
- 10년 전 또는 30년 전 상상했던 당신의 모습과 어떻게 같고 어떻게 다른가? 지난 10년간 인생에 어떤 의미 깊은 변화가 있었는가?

4. 오늘날 자신의 모습은 스스로 예상했던 것과 어떻게 다른가?
- 나이가 든다는 것의 좋은 점에는 무엇이 있는가?
- 지금 나이의 당신에게 가장 어려운 점은 무엇인가?
- 노년기에 들어선 지금 가장 놀라운 점은 무엇인가?

5. 수입원은 어디인가?
- 지금 일하고 있다면, 하고 있는 일에 대해 말해 보라. 그 일의 어떤 점이 좋고, 자신에게 도움이 되는 점은 무엇인가? 언제쯤 그만둘 것으로 생각하는가?
- 이미 은퇴했다면, 일을 그만둔 후에 일어난 변화에 대해 말해 보라. 은퇴 후의 삶에 적응하는 데 가장 큰 어려움은 무엇인가? 뜻밖의 좋은 점은 무엇인가? 직장에 가지 않아 가장 좋은 점은? 직장에 다니는 동안 미뤄 두었던 일 중에서 지금 하고 있는 것은 무엇인가?

6. 지금 건강은 어떠한가? 건강을 지키기 위해 어떤 노력을 기울

이고 있는가?

7. 가까이에서 함께 지내는 가족은 누구인가? 그들과 어떤 시간을 보내는가? 가족 중 누구와 가장 많은 시간을 보내고 싶은가? 그리고 무엇을 함께하고 싶은가?

8. 지금 인생의 동반자로서 가장 만족스런 사람은 누구인가? 왜 그러한가?

9. 참된 우정을 느끼게 하는 사람이나 일이 있는가?
 • 거리와 비용을 무시하고 누군가와 시간을 보낼 수 있다면 그 사람은 누구인가? 그리고 그 사람과 어떻게 시간을 보낼 것인가?
 • 우정을 지키기 위해 어떤 노력을 하고 있는가?

10. 기쁜 마음으로 즐기는 일에는 무엇이 있는가?
 • 예전보다 지금 더 즐기는 일은 무엇인가? 없으면 살 수 없을 것 같은 일은 무엇인가? 자신의 활동에 아무런 제약이 없다면 지금 가장 하고 싶은 것은 무엇인가?

11. 다시 만나고 싶은 사람은 누구인가? 만나서 무엇을 함께하고 싶은가?

12. 과거에는 용납하지 않았던 일이지만 지금은 받아들이는 것은 무엇인가? 이제 그만 내려놓고 싶은 일은 무엇인가?

> 살아오는 내내 나는 누군가가 바라는 사람이 되기 위해 항상 조바심을 냈다. 이제 그런 어리석은 일은 그만두었다. 나는 그냥 나인 것이다.

— 엘리자베스 코츠워스, 『개인의 지도』

13. 지금 시기 더 행복한 삶을 위해 준비해 온 일이 있는가? 있다면 무엇인가?

14. 출생일을 시작으로 오늘 날짜까지 선을 하나 그어 보라. 당신의 인생을 대변하는 선이다. 그 인생의 선 위에 정신적으로 가장 중요한 지점을 표시해 보라. 왜 중요한지도 함께 말해 보라.

> 내 나이 83살에, 이제야 시작을 했다. 나 자신에 대해 이야기하는 것을 말이다. 나는 그저 직설적으로 내 이야기를 할 수 있을 뿐이다. 그게 사실인지 아닌지는 문제가 되지 않는다. 유일한 문제는 내가 말하는 것이 나의 이야기, 나의 진실인가 하는 점이다.
>
> — 카를 융, 『회상, 꿈 그리고 사상』

15. 지금 당신의 정신적이고 영적인 충만감은 어느 정도인가?
- 좀 더 영성적인 삶을 살고 있다고 느끼려면 무엇을 해야 한다고 생각하는가?

16. 지금의 삶을 위해 우선순위를 바꾼 일이 있는가?
- 지금 당신에게 소중한 것은 무엇인가? 그것을 어떻게 삶의 일부로 만들고 있는가?

17. 지금 시기 가장 큰 걱정거리로는 어떤 것이 있는가? 그것을 어떻게 해결하고 있는가?

18. 자면서 자주 꾸게 되는 꿈에 대해 말해 보라.
- 깨어 있는 밤 시간에 자꾸 떠오르는 것은 무엇인가?

19. 누구와 대화를 하면서 안정을 얻고 조언을 구하는가? 구체적인 사례를 말해 보라.

20. 삶에서 더 큰 만족감을 느끼려면 무엇이 필요하다고 여기는가?

21. 몽상에 잠기는가? 어떤 몽상인가?
- 기억을 일깨우는 소리라든가 광경, 향기는 어떤 것인가?
- "아, 지금도 그 소리가 들리는 것 같아."라고 말하면 어떤 것이 머릿속에 떠오르는가? 의자 깊숙이 편안하게 앉아서 눈을 감고 숨을 깊이 들이쉬고 서서히 내쉬기를 서너 번 반복한 다음 천천히 "아, 지금도 그 소리가 들리는 것 같아."라고 되뇌어 보면 기억을 일깨우는 데 도움이 될 것이다.

> 나는 예전보다 훨씬 더 자주 몽상에 잠긴다. 그런데 이제 그 몽상은 갈망이 아니라 추억의 형태로 나타난다.

— 엘리자베스 코츠워스, 『개인의 지도』

22. 집 안에서 가장 추억이 어린 장소는 어디인가? 더 이상 존재

하지 않지만 자신에게 가장 의미심장한 곳에 대해 말해 보라.

23. 기억에 남는 여행에 대해 말해 보라. 대단히 아름다운 곳이나 자연의 경이를 느낄 수 있었던 곳에 가 본 경험을 묘사해 보라. 가장 좋아했던 여행은 어떤 것인가?

24. 인생의 이 시기에 가장 강렬한 사랑의 감정을 선사한 사람은 누구인가?

25. 젊은 사람들이 나이 든 사람에 대해 잘못 알고 있는 점은 무엇이라고 생각하는가?

26. 인생을 통틀어 자신과 가장 관련이 깊은 정치적 · 사회적 사안은 무엇이었는가?
   • 가장 관심이 있는 시사 문제는 무엇인가? 그것들이 왜 당신을 짜증나게 하고 또 즐겁게 하는지 말해 보라.
   • 지금 시기 가장 의미 깊은 역사적 · 정치적 사안은 무엇인가? 그 사건들이 당신에게 어떤 영향을 미쳤다고 생각하는가? 다음 세대를 위해 이루어졌으면 하는 변화는 무엇인가?

27. 자신과 같은 세대의 사람들이 이 시대와 기술의 발전에 공헌할 수 있다고 생각하는가? 당신이 관심을 두고 있는 일은 어떤 것인가?
 • 자신이 지역 사회에 공헌할 수 있는 방법으로는 어떤 것이 있다고 생각하는가? 비슷한 연령대의 인사들 중에 사회에 가장 많은 공헌을 한 사람으로는 누구를 꼽을 수 있는가?

28. '낯선 이의 어떤 친절함'이 당신의 인생을 다르게 변화시킨 순간이 있었는가?

29. 지금까지도 배우고 있다고 생각하는 것은 무엇인가?
 • 오늘날 자신의 스승은 누구인가?
 • 지난 5년간 배운 것 중에서 당신을 놀라게 한 것은 무엇인가?

⚘ 지금 제 나이셨던 와타나베 가즈오 선생님으로부터 받은 편지가 있습니다. 선생님 생전에 나온 책으로는 마지막이었던 『세상 이야기 · 전국(戰國)의 공비(公妃)』에 직접 그리신 삽화의 시험용 인쇄지에 쓰셨기 때문에, 날짜는 없지만 언제 것인지를 알 수 있습니다. 언어는 부드럽지만 제가 가볍게 드린 말씀에 화를 내고 계신 것은

명료하여 자계(自戒)를 위해 책상 앞에 두고 있는데, 어느새 자신이 선생님의 연령을 따라잡았다는 것을 깨달았습니다.

" '유품 나누기'에 관한 것은, 말씀하시는 것 같은 퇴영적인 기분에서가 아닙니다. 오히려 전진적, 적극적인 마음에서죠. 고희의 노인이 되고 보니 역시 확실하게 다가오는 죽음과 친근해집니다. 언젠가 무너질 자신을 죽음 속으로 조금씩 밀어 가는 기분을 젊은 분들이 모르시는 것은 당연하죠. 그리고 신변의 물품들을, 경애하는 분들이 써 주시기를 바라는 것도 당연하겠죠. 결코 퇴영적이지 않습니다. 오에 씨에게도 무언가를… 하고 생각하고 있습니다. 생각해 봐 주십시오. (중략)

오늘은 연못의 잉어 몸을 먹어 들어가는 '갈고리 벌레'를 퇴치했습니다. '수술'을 받은 가엾은 잉어들은 목하 약물 속에서 무언가를 생각하고 있습니다. 그들 역시 늙은 소생과 같이 닥쳐 올 죽음을 생각하고 있는 것일까요? 빨리 '지렁이'를 먹고 싶다고 생각하고 있는 걸까요? 그도 아니면 다 없애지 못한 '갈고리 벌레'의 유충이 비늘 사이에서 빨판을 치적치적 살에 대고 밀어붙이는 것을 느끼며 약간 간지럽다고 생각하고 있는 걸까요? 부디 몸조심하기를 바랍니다."

후반부의 와타나베 선생님다운, 그로테스크한 것에 대한 생생한 관심, 그리워라! 노년과 죽음에 관한 생각 역시, 이미 이 나이가 된 저는 이해할 수 있고 허락해 주신다면 공감한다고까지 말하고 싶은 마음입니다.

— 오에 겐자부로

30. 인생의 여러 국면에서 맞은 특별한 전환점들에 대해 말해 보라.

31. 회한으로 남아 있는 순간들은 어떻게 되돌리고 싶은가?

오래된 이야기와 지혜가 미래를 드러내 주지는 않을 것이다. 하지만 이들은 등대처럼 길을 밝혀 주고, 절망을 치료하는 만병통치약이 되어 준다.

— 바바라 터크먼 Barbara Tuchman, 『실행하는 역사 Practicing History』

32. 중단하고 싶은 일은 무엇이고 또 그 이유는 무엇인가?
- 무엇을 다시 시작하고 싶은가? 그러한 변화가 실제로 가능하다면 자신의 인생이 어떻게 달라질 것이라고 생각하는가?

33. 자신을 화나게 만드는 것은 무엇인가?

34. 최근에 발견한 자신의 잠재력은 무엇인가? 자신은 지금 무엇을 개척하고 있는가? 자신에게 모험이란 무엇인가?

35. 최근에 시도했거나 하려고 하는 새로운 일에는 무엇이 있는가? 해 보고 싶었지만 결국 하지 못한 것은 무엇인가?

36. 손자라든가 다른 젊은 세대와 함께해 보고 싶은 것은 무엇인가?

37. 무엇을 걱정하고 있는가? 그러한 걱정이 없다면 어떠하리라 생각하는가?

38. 더 큰 만족을 얻기 위해 인생의 어떤 점을 바꾸고 싶은가?

39. 지금 결코 되살리고 싶지 않은 젊은 시절의 일에는 무엇이 있는가?

40. 인생을 살면서 관심을 두었던 여러 일들을 돌이켜 볼 때 가슴을 뜨겁게 달구었던 일은 무엇인지 말해 보라. 오늘날 자신의 창의성을 자극하는 것은 무엇인가?

41. 나이가 들수록 더욱 강해지거나 여전히 지니고 있는 자신의 가치는 무엇인가?

42. 다른 누군가를 위해 한 일 중에서 자신에게 큰 만족감을 준 것은 무엇인가?

43. 자신의 인생에서 가장 아름답게 느껴지는 순간에 대해 구체적으로 묘사해 보라. 되돌아볼 때 가장 놀랍고 경이로운 순간은 언제인가?

44. 젊은 시절의 꿈은 어떻게 변화되어 갔는가? 접어야 한다고 생각했던 꿈은 무엇인가? 지금도 여전히 그대로 남아 있는 꿈은 무엇인가?

☙ 기억 하나하나는 모두 가치 있고 놀라운 것이다. 또한 기억은 꿈

을 되찾아 주기도 한다.

— 안토니오 마차도 Antonio Machado

45. 해결하고 싶은 미완의 과제는 무엇인가?

46. 진정으로 원하던 일을 마침내 경험함으로써 얻을 수 있었던 수확은 무엇이었는가? 지금도 간직하고 있는 희망은 무엇인가?

> 지난 몇 년간, 가슴 떨리는 한 가지 사실을 발견했다. 60살이 넘기 전에는 인생의 비밀이 무엇인지 그 누구도 제대로 알 수 없다는 것이다. 60이 되어서야 비로소 인생이 시작된다. 그냥 인생의 또 다른 장이 시작되는 것이 아니라 한 사람의 진짜 인생이 시작되는 것이다.

— 엘렌 글래스고 Ellen Glasgow, 『여성 안에서 The Woman Within』

47. 살면서 얻은 지혜를 실현하기 위해서는 무엇이 필요하다고 생각하는가?

48. 당신에게 다섯 가지 소원이 있는데, 그것이 모두 실현될 수 있다고 가정한다면, 그 다섯 가지는 무엇인가?

49. 지금까지 살아온 삶을 돌이켜 볼 때, 무엇을 가장 존중해 왔는가?

> 그동안 살아온 모든 날들과 경험한 수천 가지의 것들은 모두 내 안에 새겨져 있다. 좋은 것이든 나쁜 것이든, 폭넓은 성장이든 잠깐 동안의 깨달음이든 할 것 없이…. 한 사람의 과거는 그저 과거로 흘러가 버리는 것이 아니다. 그의 삶에 흡수되는 것이다.
> ― 엘리자베스 코츠워스, 『개인의 지도』

50. 인생의 이 시기에서 가장 감사하는 것은 무엇인가? 그것이 왜 지금 당신에게 중요하고 감사한지 구체적으로 설명해 보라.

51. 지금 자신의 인생에 대해 어떤 느낌이 드는가?

52. 앞으로 무엇을 기대하는가?

○ ○ ○

회상

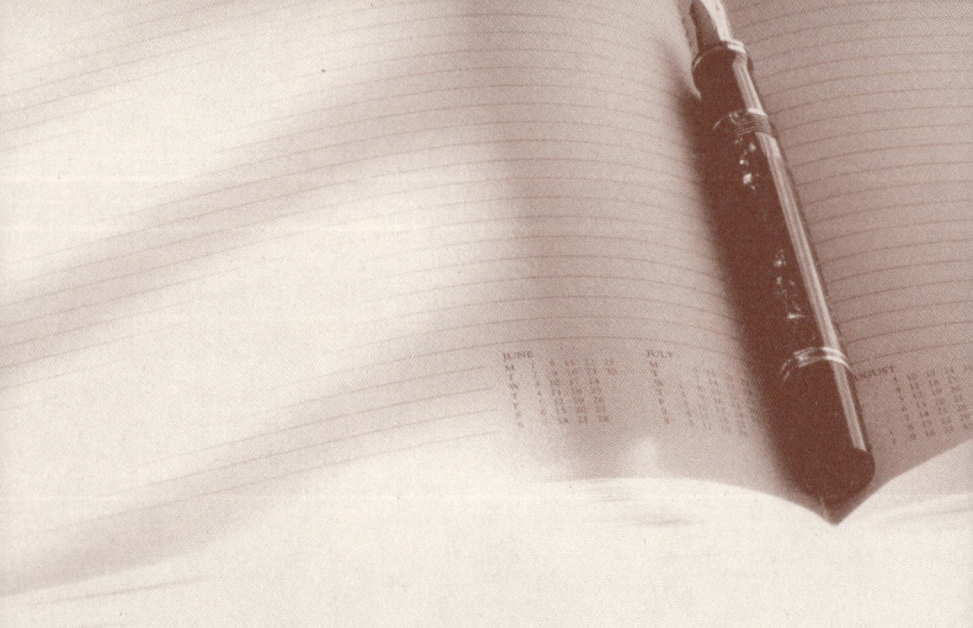

최근에 나는 80대와 90대 후반의 사람들을 방문했다. 그들은 이제 그다지 활동적이지 않다. 그런데 70, 80년 전 자유로웠던 여름날의 경험에 대해 이야기할 때 그들의 목소리는 커졌고 몸은 들썩였다. 강, 소풍, 노래, 볼거리로 가득한 장터 등 그들이 말하는 그 시절의 모든 이야기는 우리 모두를 흥분시켰다. 네브래스카 출신의 루이자는 말했다.

"무엇을 할지는 문제가 안 되었어요. 그중 어떤 것을 할지가 문제였죠."

엘렌은 할아버지가 석탄 운반차에 자신을 태우고 드레스덴의 중심부에서 20분 거리에 있는 깊은 산속으로 데려간 이야기를 들려주었다. 할아버지는 엘렌을 튼튼한 나뭇가지에 앉히고 자신은 바닥에 앉아 바이올린을 연주했다. 연주를 시작하자 동물들이 주위로 몰려드는 것을 보았다.

"그건 또 다른 세상이었어요. 또 다른 세상!"

엘렌은 몇 년을 건너뛰어 전쟁에 대한 경험을 떠올렸다. 그때를 생각하면 지금도 여전히 깜짝 놀라게 되는데, 그 기억이 너무 엄청나서 잊을 수가 없다고 했다. 엘렌은 오래도록 그때의 기억을 더듬어 보다가, 끔찍한 시기임에도 마침내 사람들이 서로를 위해 주었던 좋은 일들만 생각이 나기 시작했다. 좋은 일과 끔찍한 일이 섞여 있는 곳에서, 뭔가 '대단히 평화로운' 어떤 일만을 좀 더 가까이 느끼게 되었다고 말했다. 말로 설명하기 힘든 저 먼 곳에 있는 어떤 느낌이라고. 그녀는 조용히 말했다.

"그건 모두에게 축복과 같은 것이었어요."

뭔가가 엘렌을 과거로 이끌어 마음속 두려움을 이겨 내고 앞으로 나아가도록 했다. 나는 이것이 우리 모두를 감싸고 있는 이름 없는 축복이라고 느꼈다.

여기 나오는 질문들은 엘렌처럼 평화로움을 느낄 수 있는 기억을 각자 되새겨 보는 기회를 제공할 것이다. 이제 예전에 말했거나 혹은 말하지 않았던 그 이야기들을 끄집어내어 다시 곰곰이 생각해 볼 시간이 되었다.

다시 떠올려 보면 예전에 보지 못했던 것을 볼 수도 있다. 삶의 어느 시기, 자신이 존재했던 그 옆에 앉아 당시 자신의 모습을 바라보라. 그곳에서 오래도록 자신에 대해 생각해 보라. 오래 생각해 볼수록 더 많은 것을 볼 수 있을 것이다. 자신도 모르게 두터운 장막이 걷히고 자기 삶의 새로운 면모를 발견하게 될 것이다.

우리는 기억을 따라 어린 시절과 청소년기, 장년기를 여행했다. 인생이 길 위에 있음을, 하나의 여정임을 얼마나 많이 들었던가! 나는 그 여정을 따라 떠나는 당신의 모습을 그려 볼 수 있다. 숨죽이고 기어가거나 헤매거나 달리다 넘어지거나 또 한가로이 거닐거나 춤추는 당신의 모습을 말이다.

당신이 정리한 '회상'은 삶의 길을 비추는 등불이 되어 누군가를 이끌고 또 누군가의 기운을 북돋아 줄 것이다.

✌ 우리는… 삶에 대한 이해를 높이기 위해 글을 쓴다. 인생을 두 번 맛보기 위해, 그 일이 있었던 순간과 추억 속에서의 그 순간을 함

께 맛보기 위해 글을 쓴다. 인생을 초월할 수 있도록, 그 너머의 어 떤 곳에 도달할 수 있도록 하기 위해… 다른 사람과 소통하는 법을 알기 위해, 미로 속으로 떠나는 여행을 기록하기 위해 글을 쓴다.

— 아나이스 닌 Anaïs Nin, 『일기 The Diary of Anaïs』 제5권

1. 60, 70, 80, 90, 100살에 자신의 인생이 어떻게 되리라고 기대했는가(또는 기대하고 있는가)?

✑ 나이는 나를 혼란스럽게 만들고 있다. 그동안 나는 조용히 살아왔다고 생각한다. 특히 70대 때 더욱 그랬다. 그런데 80대가 되면서 대단히 열정적으로 바뀌고 있다. 나이가 들수록 삶에 대한 욕망이 더욱 격렬해지는 것을 느낀다. 놀랍게도 뜨거운 신념이 솟구치기 시작하고 있다. 불과 몇 년 전만 해도 고요함을 즐기고 싶었는데, 지금은 바깥세상을 간섭하고 싶고 바로잡고 싶은 일도 많다. 마치 내가 인생에 빚이라도 지고 있는 것처럼. 나는 마음을 가라앉혀야 한다. 도덕적인 열정에 사로잡히기에는 나 자신이 부족하다고 생각하기 때문이다.

— 플로리다 스콧 맥스웰 Florida Scott-Maxwell,
『늙는다는 것의 의미 Measure of My Days』

2. 부모님이 지금 당신 나이였을 때의 삶과 자신의 현재 삶을 비교할 때, 어느 쪽이 더 만족스러운 삶이라 생각되는가? 어떤 면에서 그러한가?

3. 요즘의 삶이 아이들에게 힘들다고 생각하는가? 그들이 당신 세대의 어떤 것을 놓치고 있다고 생각하는가?

> 요즘 아이들은 너무나도 많은 것을 걱정하며 살아간다. 그것이 나의 마음을 아프게 한다.
>
> — 줄리아 윌킨스

4. 인간관계와 결혼, 양육, 교육 문제에 접근하는 요즘의 방식에서 가장 바람직하게 바뀐 부분은 무엇이라 생각하는가? 당신에게 문제가 되는 변화는 어떤 것인가?

> 나는 아이들을 어떻게 키워야 하는지 보여 주고자 내 오랜 기억을 하나하나 모으고 있다. 다른 부모들이 아이들과 함께 파도가 몰아치는 망망대해를 슬기롭게 헤쳐 나갈 수 있도록 말이다.
>
> — 마가렛 미드 Margaret Mead, 『마가렛 미드 자서전 *blackberry Winter*』

5. 당신이 새롭게 얻게 된 기회에 대해 말해 보라. 그러한 기회가 생길 수 있도록 어떤 역할을 했는지도 말해 보라.
   - '힘든 방식'으로 배운 교훈은 무엇인가? 인생에서 예기치 않은 전환점을 맞았던 때를 말해 보라. 자신에 대한 믿음이 더욱 강하게 생겨났던 때를 기억해 보라.

   ✑ 수년간은 평화롭고 안정된 시기였다. 그러한 시절이 지속될 수 있도록 노력을 다했지만 이후 몇 년은 순탄하지 않았다. 살아가면서 우리가 할 수 있는 최선은, 우리에게 찾아온 좋은 시절이 진정으로 우리 자신의 것이 되도록 하는 일뿐이다.

   ― 엘리자베스 코츠워스, 『개인의 지도』

6. 유년 시절 이후를 돌이켜 보라. 자신이 더욱 도전적이고 대담했던 시기를 떠올리면 무엇이 보이는가?
   - 관용, 강인함, 창의성, 열정, 성숙….

7. 누군가 당신에게 "난 널 믿어."라고 말한 때를 그려 보라. 그는 누구인가? 그러한 신뢰가 자신을 성장시킨다고 깨달았던 때를 기억해 보라. 누군가를 위해 그러한 믿음에 부응하려고

했던 노력에는 무엇이 있는가?

8. 학교 다닐 때를 생각해 볼 때, 지금 자신의 모습과 지금까지 살아온 인생을 만든 결정적인 계기나 요소는 무엇이었는가? 긍정적인 영향을 끼친 것은 무엇이었는가?

- 초등학교와 중학교, 고등학교로 되돌아간다면 어떻게 다르게 행동하겠는가?

9. 지금까지 일해 온 직업을 고른 이유는 무엇이고, 어떻게 그 일을 하게 되었는가?

- 얼마나 만족스러웠고 어려움은 무엇이었는가? 왜 그 일을 계속 했고 왜 그만두었는가? 각 직업에서 배운 것은 무엇이었는가? 기회가 다시 주어진다면 자신의 인생을 어떻게 재구성하겠는가?

10. 열정과 희망으로 가득했던 시기를 말해 보라.

11. 가장 로맨틱했던 시기에 대해 말해 보라. 깊은 친밀감을 느꼈던 순간들에 대해 말해 보라.

12. 예기치 않은 사랑 또는 실연으로 무력했던 시기에 대해 말해 보라.

13. 인생에서 달콤한 성취감을 느꼈던 순간에 대해 말해 보라.
  • 시간이 멈추어 버린 듯했던 때에 대해, 그리고 자신의 일부가 될 만큼 큰 의미를 지닌 순간에 대해 말해 보라.

✎ 나의 결혼 과정은 그다지 순조롭지도 편안하지도 못했다. 대단한 구애 작전이 있었는데 나는 아내에게 서너 번 청혼을 했지만 그때마다 퇴짜를 맞았다. 강연을 하느라 미국 전역을 돌아다녀야 했던 중에도 이따금씩 엘미라에 가서 집요한 구애를 계속했다. 한번은 아내의 오빠 찰리를 통해서 초대를 받아 내고는 일주일 정도 그 집에 머물렀다. 기분 좋은 주였지만 곧 작별을 해야 할 시간이 다가왔다. 다시 초청을 받아 내고 싶었지만 도통 방법을 떠올릴 수가 없었다. 어떤 꾀를 생각해 내도 통할 것 같지 않았다. 내가 스스로 속일 수 없다고 생각하면 다른 사람을 속일 수 있는 가능성은 전혀 없다. 하지만 정말 생각지도 않게 행운이 찾아왔다. 과거에는 정말 자주 일어났으나 오늘날에는 거의 찾아볼 수 없는 신의 섭리가 작용한 경우였다.

나는 뉴욕으로 떠날 준비를 갖추었다. 한 민주당원의 마차가 내 트렁크를 실은 채 현관 밖에서 기다리고 있었고 마부인 바니는 손에 고삐를 쥔 채 앞 마부석에 앉아 있었다. 저녁 8~9시경이었기 때문에 밖은 어두웠다. 찰리와 나는 현관문에서 가족들에게 작별인사를 하고 밖으로 나와 마차에 올라탔다. 우리는 마부 뒤쪽 빈자리에 앉았는데 마차의 끝부분을 바라보는 임시 좌석으로 고정이 되어 있지 않은 자리였다. 내게는 정말 더할 나위 없이 운이 좋은 자리였지만 앉을 당시에는 그 사실을 알지 못했다. 찰리가 담배를 피워 물었다. 그때 마부가 말에게 채찍을 갖다 댔고 말은 갑자기 앞으로 뛰어 올랐다. 찰리와 나는 마차의 뒤쪽으로 거칠게 튕겨 나갔다. 어둠 속에서 찰리가 피우던 시가의 빨간 끄트머리가 공중에 곡선을 그리며 떨어지는 것이 보였다. 그 어두컴컴한 광경 속에서 보이는 것이라고는 그것밖에 없었다. 그러고는 이내 정확하게 머리 정수리를 어딘가에 부딪치고는 그대로 의식을 잃고 쓰러졌다. 인부들이 돌로 만든 배수구를 수리하고 있었다고 했다. 네 개의 돌이 연결된 부위의 움푹 팬 부분을 마차가 지나가는 바람에 머리를 부딪친 것이었다. 움푹 팬 부분에는 새 모래가 반쯤 차 있었기 때문에 이것이 완충 역할을 하여 심하게 부딪치지는 않았고 타박상이나 쇼크도 없었다. 나한테는 아무런 문제가 없었던 것이다.

찰리도 심하게 부딪쳤지만 내 걱정을 하느라고 자신이 다친 것을 의식하지 못했다. 온 가족이 뛰쳐나왔고 마차에 있던 테오도르 크레인은 브랜디 병을 들고 나왔다. 그는 내 목을 죄어서 기침을 하게 할 작정으로 두 입술 사이에 브랜디를 부어 댔다. 하지만 나는 여전히 의식을 찾지 못했다. 사실 나는 스스로를 조절하고 있는 중이었다. 내 주위에서 안쓰러운 듯 수군거리는 소리를 듣고 있자니 기분이 좋았다. 내 인생에서 손꼽을 만한 행복한 순간이었다. 내가 부상을 모면했다는 점을 빼고는 아무것도 잘못된 것이 없었다. 그저 조만간 다치지 않았다는 사실이 발각되어 또 떠나야 하는 처지가 될까 봐 겁이 났다. 나를 들기가 너무 무거워서 바니와 랭돈 씨, 테오도르, 찰리가 힘을 합해서 끌다시피 나를 집으로 들여갔다. 드디어 집에 들어온 것이다. 이것은 승리였다. 무한정 기숙을 해도 안전했다. 신의 섭리는 이렇게 찾아왔.

그들은 나를 응접실의 안락의자에 눕혔고 주치의를 불렀다. 가련한 노인네 의사를 밤중에 불러내는 일은 그다지 합당한 일은 아니었지만 어쨌거나 그것이 그의 일이었고 난 무의식 상태에 있어야 했기 때문에 말릴 수가 없었다. 크레인 부인은 타박상을 줄이는 데 효능이 있는 액체가 든 병을 가지고 왔다. 하지만 나한테는 소용이 없을 것이란 점을 나는 알고 있었다. 그녀는 약을 내 머리 위에 붓고 손으로 주변을 톡톡 두드리면서 마시지를 했다. 지독한 액체가 산불 같은 감각을 주면서 등뼈를 타고 조금씩 흘러내렸다. 하지만 나는 만족했다. 크레인 부인이 피곤해 하자 그녀의 남편인 테오도르가 그녀에게 쉬라고 말하고 리비더러 잠시 그 일을 맡으라고 했다. 난 날아갈 것 같았다. 크레인 부인이 치료를 계속했더라면 난 곧 회복해야만 했을 것이다. 하지만 리비의 손동작을 받을 수만 있다면 영원히 무의식 속에 있어도 좋았다. 그녀의 손동작은 무척이나 기분이 좋았고, 말할 수 없이 편안했고, 더할 나위 없이 황홀해서 페리 데이비스의 '진통제'와 비슷한 그 어느 끔찍한 약도 제어할 수 없는 아픔조차도 누그러뜨릴 것 같았다.

드디어 늙은 주치의가 도착해서 자신이 교육 받은 실질적인 방법으로 내 상태를 파악하려 했다. 그는 타박상이 있는지, 혹이 있는지, 부은 곳이 있는지 살펴보고는 다친 곳이 없다고 말했다. 일찍 잠자리에 들어 푹 자고 나면 아침에는 괜찮아질 것이라고 했다. 하지만 그렇지 못했다. 아침이 되었는데 나는 전혀 괜찮아지지 않았다. 아니, 괜찮아지고 싶은 생각이 없었다. 다만 휴식이 필요하다면서 의사의 보살핌은 더 이상 필요하지 않다고 말했다.

그 사건으로 해서 3일 동안을 더 지체할 수 있었고 내 계획에 많은 도움이 되었다. 나의 구애를 한 발짝 진척시킬 수 있었기 때문이다.

그 다음 방문으로 계획은 더욱 진척되었고 우리는 부모님의 동의가 있어야 한다는 조건으로 결혼을 약속했다.

— 마크 트웨인, 『마크 트웨인 자서전』

14. 지금껏 자신이 떠올렸던 최고의 아이디어들은 무엇인가?

15. 자신의 인생에서 모순이 되는 생각이나 행동에는 무엇이 있었는지 말해 보라.

16. 미래에 대한 불확실성을 느낀 때는 언제였는가?

17. 자신이 극복한 공포는 무엇이었고 어떻게 극복했는가?
- 지금까지 한 일 중에서 가장 힘든 일은 무엇인가?

18. 가까스로 받아들인 변화였지만, 결국 자신에게 좋은 것으로 밝혀진 것은 무엇인가?

19. 기쁘게 그리고 열성적으로 해결에 임했던 상황 중에서 아직도 기억에 생생한 일은 무엇인가?

✎ 글을 쓸 때마다 언제나 날씨가 더웠던 것은 물론 아니었다. 학교에서 교편을 잡았던 겨울 동안에는 매우 추운 농장에서 하숙을 했다. 낮에 학교 일에 정신없이 매달리고 나서 맞는 저녁이면 너무나 피곤해서 글을 쓸 수가 없었다. 그래서 글을 쓰기 위해 아침마다 한 시간씩 일찍 일어나도록 자신을 훈련시켰다. 나는 그 후로 5개월 동안 어김없이 아침 6시면 일어나 램프 불빛에 옷을 입었다. 군불을 지피지 않았기 때문에 집은 매우 추웠다. 나는 두꺼운 외투를 입고 발이 얼지 않도록 엉덩이로 깔고 앉았다. 손가락에 심한 경련이 일어나서 펜을 거의 쥘 수 없었지만 묘기를 부리듯 가까스로 글을 썼다. 이런 상황에서도 어떨 때는 푸른 하늘과 잔물결이 이는 시냇물과 꽃이 만발한 초원을 쾌활하게 노래하는 시를 쓰기도 했다! 글을 쓴 후에는 손을 녹이고 아침을 먹은 다음 학교에 출근했다.

— 루시 모드 몽고메리, 『루시 모드 몽고메리 자서전』

20. 불의를 보고 바로잡아야겠다는 느낌이 든 때는 언제였는가? 반면 불의 앞에서 물러선 때에 대해 말해 보라. 무엇이 당신을 막아섰고 그 상황을 어떻게 되돌리고 싶은가?

21. 자신의 편견이나 편협한 생각을 어떻게 넘어섰는가? 편견과

편협함으로 인해 잃은 것은 무엇인가?

22. 살면서 싸워 온 것에는 무엇이 있는가?

23. 어떤 공동체 사람들과 깊이 연관되었다고 느끼는가? 그 공동체에서 무엇을 받았고 무엇을 주었는가?

24. 어떤 일에 온전히 헌신했다고 생각한 때는 언제인가? 그토록 헌신하게 만든 요인은 무엇이라고 생각하는가?

- 자신이 저버렸을 다른 가능성은 무엇인가? 지금은 그러한 가능성에 대해 어떻게 생각하는가?

25. 어린 시절과 청소년기에 영향을 미친 역사적·정치적·문화적 사건에는 어떤 것이 있는가? 자신이 살아온 시대의 역사가 자신의 삶에 어떤 영향을 미쳤는지 적어 보라.

26. 당신이 살아온 주변 환경이나 풍경, 기후가 당신의 삶에 어떻게 영향을 미쳤는지, 독자들이 더 많은 것을 알 수 있도록 좀 더 상세히 말해 보라.

27. 공동체를 위한 자신의 행동과 실천 중에 가장 만족했던 일은 무엇인가? 지금은 그 공동체에 어떻게 관여하고 있는가?

28. 살아오면서 녹록지 않은 인생사를 헤쳐 나간 실질적인 방법에는 어떤 것이 있었는가? 그중 가장 중요하다고 생각하는 것은 무엇인가?

29. 인생의 각 단계에서 만났던 친구들에 대해 말해 보라. 그들이 왜 당신의 소중한 친구였는지도 얘기해 보라.

30. 지금까지도 연락을 주고받는 오래된 친구들은 누구인가? 그들은 어디에 살고 있는가?

31. 자신의 인생에 가장 큰 영향을 미친 일이나 사람은 누구였고 어떤 식으로 영향을 미쳤는가? 자아의 한 부분을 깨닫도록 도와준 다른 사람에 대해서도 말해 보라.

✎ 55세 생일을 맞이하면서 지나온 인생 모두를 되돌아보았다. 오래전 받은 편지도 읽어 보고 빛바랜 사진들도 꺼내어 들춰 보았다.

20년에 걸쳐 촬영한 가족 비디오도 다시 보았다. 내가 알고 지낸 사람들에 대해서, 그리고 일어났던 중요한 일들에 대해서도 고요한 가운데 생각해 보았다. 좋았든 나빴든 그 모든 것은 내 마음에 흔적을 남겼음을 깨달았다.

— 프레드릭 뷰크너 Frederick Buechner, 『하나님을 향한 여정』

32. 직관을 따랐던 때는 언제였고, 자신을 주저하게 만든 때는 언제였는가?

33. 잃어버린 기회에 대해 말해 보라.

34. 인생에서 겪은 불이익이나 한계는 무엇이었고 당신은 그에 어떻게 대처했는가?

35. 용기가 충만했던 때는 언제인가?
- 친절하고 따뜻한 행동을 경험했던 때에 대해 말해 보라.
- 눈시울을 붉히게 하는 생각이나 기억은 무엇인가?
- 이 세상에 더 이상 순수함은 존재하지 않는다고 생각한 순간이 있다면 얘기해 보라.

36. 삶으로부터 도망친다고 느낀 때는 언제인가?

37. 인생을 살면서 가장 힘들었던 배신의 경험에는 어떤 것이 있는가? 그것을 어떻게 극복했는가? 자신에게 가장 의미 있었던 화해와 용서의 순간은 언제였는가?

38. 당신이 사랑받아 왔음을 보여 주는 순간이나 징표 등에 대해 구체적으로 서술해 보라. 아무리 사소한 것이라도 상관없다.

> 잊어버리고 있다가 우연히 선반에서 떨어져 내린 사진을 통해 추억을 발견하듯이 그 장면들이 떠올랐다. 그러나 그 장면들 사이의 연관성은 찾을 길이 없었고 시간의 순서도 확실하게 기억나지 않았다. 하지만 나이가 들어가면서 분명히 알게 되었다. 삶의 소중한 자취는 어딘가에 선명히 각인되어 있으며, 서로 긴밀하게 연결되어 있고, 자신의 삶에 어떤 형태로든 반영되고 있음을.
> ― 실비아 애쉬턴 워너, 『내가 지나온 길』

39. 당신의 삶을 풍요롭게 했던 관심사에 대해 말해 보라.
• 자신의 특기가 제대로 발휘되고 있음을 깨달은 때에 대해 말해

보라. 자신에게 있다는 건 알지만 결국 계발하지 못한 재능은 무엇인가? 당신은 어떤 식으로 창의성을 발휘했는가?

40. 인생에서 모험을 했던 시기에 대해 말해 보라.

41. 인생에서 커다란 위험에 빠졌을 수도 있었던 시기에 대해 말해 보라. 삶에 위협을 느낀 다른 경험도 말해 보라.

42. 자신이 진정으로 깨달은, 또 다른 사람들도 깨닫기를 바라는 인생의 핵심은 무엇인가?

43. 시간이 지나도 여전히 당신에게 영웅으로 남아 있는 이는 누구인가?

44. 시간이 지나도 여전히 고통스러운 일로 남아 있는 사건은 무엇인가?

45. 집에서 아주 멀리 떠난 첫 번째 여행에 대해 구체적으로 묘사해 보라. 부모님의 집을 떠난 시기에 대해 기억해 보라.

46. 세월이 지나면서 부모님에 대한 견해는 어떻게 바뀌었는가? 부모님이 당신을 놀라게 하거나 부모님이 당신에게 어떤 특별한 인상을 주었던 일에서 무엇을 배웠는가?

47. 인생에 대해 부모님으로부터 배운 것 중 가장 두드러지는 것은 무엇인가?
- 부모님은 당신에게서 무엇을 배웠다고 생각하는가? 지금의 삶에 대해 부모님께서 아시기를 바라는 것은 무엇인가? 자신이 어머니, 아버지와 닮은 점은 무엇인가? 부모님이 주신 것 중에서 특별히 감사하는 것은 무엇인가?

> 지난 20년간 나는 거의 운 적이 없었는데, 세 번 아버지 때문에 울었다.
>
> — 클라크 블레이스 Clark Blaise, 『나의 아버지 I bad a Father』

48. 부모님께 무엇을 물었어야 한다고 생각하는가? 조부모님께는 또 무엇을 물었어야 한다고 생각하는가?
- 부모님과의 관계 중 안타까운 것은 무엇인가? 어머니와 아버지께 어떤 메시지를 보내고 싶은가?

49. 형제자매가 자신의 삶에서 어떤 의미를 지니고 있는지 말해 보라. 그렇게 생각하게 된 구체적인 몇몇 상황을 묘사해 보라. 요즘은 어떤 식으로 그들과 가까이 지내고 있는가?

50. 종교가 있다면 언제, 어떻게 갖게 되었는지 말해 보라.
 • 죽음과 영성에 대한 믿음은 어떻게 바뀌어 왔는가?

51. 정신적으로 힘든 시기를 헤쳐 나가도록 도와준 것에 대해 말해 보라.

52. 인생의 슬픔은 무엇이었고 그것을 어떻게 극복했는지 말해 보라. 가장 힘들었던 '상실'에 대해 말해 보라. 그러한 상실에서 무엇을 얻었다고 생각하는가?

53. 자신의 가치관과 믿음에 의문을 갖게 한 사건은 무엇인가?

54. 당신의 인생에서 의식이나 의례를 필요로 했던 일들에 대해 말해 보라. 그 일이 참된 의미를 가지려면 의식이나 의례는 어떤 모습이었어야 했는가?

55. 당신의 보살핌과 도움으로 다른 누군가가 힘든 시기를 이겨 낸 때에 대해 말해 보라.

56. 삶을 거의 포기할 지경에 이르렀던 때가 있었는가? 무엇 때문에 그러한 상황에 이르게 되었는가? 삶을 지속할 힘이나 믿음이 되살아나도록 도운 것은 무엇인가?

57. 희망이 없다거나 세상에 오직 혼자뿐이라고 느낀 때를 말해 보라. 그러한 감정을 극복하도록 도와준 것은 무엇인가?

58. 정이 깊고 비밀을 공유할 정도로 믿은 사람은 누구였는가?
- 정직한 답을 얻으러 찾아간 사람이 있었다면 그는 누구였는가?

✎ 나에게는 비밀이 있을 뿐만 아니라, 나 자체도 비밀이다. 당신 자신도 역시 비밀이고…. 우리의 비밀은 인간의 비밀이고, 비밀을 나눌 정도로 서로 신뢰한다는 것은, 인간이란 어떤 존재인가 하는 근본적인 비밀과 많은 관련이 있다.

— 프레드릭 뷰크너, 『비밀 말하기 Telling Secrets』

59. 요즘 자주 칭찬하는 사람은 누구인가? 그 이유는 무엇인가?

60. 마음 속 깊이 간직하고 있는 아름다운 장소는 어디인가?

61. 자신에게 일어난 가장 운이 좋았던 일은 무엇이고, 자신이 한 일 중에서 가장 운이 좋았던 일은 무엇인가? 그 시기에 대해 말해 보라.
- 누군가에게 어떤 특별한 가르침을 받고 있다고 느낀 적이 있는가?

62. 자신의 깊숙한 감정을 건드렸던 순간에 대해 말해 보라.

63. 다른 사람의 물건이지만 당신이 줄곧 소중히 간직해 온 것은 무엇인가? 지금 그것을 꺼내 만져 보자. 어떤 생각이 나고 어떤 느낌이 드는가?

64. 지금까지도 안타깝게 느껴지는 일은 무엇인가? 그 슬픔을 완화하기 위해 무엇을 할 수 있겠는가?

65. 인생에서 가장 사랑한 것은 무엇인가? 사물, 장소, 아이디어, 사람들…. 왜 그것들을 사랑했고 그 사랑을 지탱해 준 것은 무엇이었는지 깊이 생각해 보자.

☙ 우리는 누구나 마음속 아주 깊은 곳에 있는 인생의 앨범을 꺼내 사랑하고 가르침을 주었던 사람들과 그 장소를 떠올리며 추억어린 사진들을 들여다볼 수 있다. 과거의 그 순간들, 아마 지금은 반쯤 잊어버렸을 테지만, 그때의 사진을 보기만 해도 희미한 기억이 떠오를 것이다. 아름다운 회상은 당신만을 위한 신성한 여행이다.

― 프레드릭 뷰크너, 『비밀 말하기』

66. 자신이 쓴 글을 볼 때, 인생 전체에 흐르는 일관된 요소는 무엇이라고 생각하는가?

67. 지금도 생각을 거듭하지만 알 수 없는 인생의 수수께끼는 무엇이라 생각하는가?

68. 당신의 인생에서 누군가에게 진정으로 인정받고 싶은 것이 있다면, 그것은 무엇인가?

69. 당신이 살아온 인생을 축하하는 자리를 마련한다고 상상해 보자. 어떤 자리를 만들고 싶은가? 당신이 원하는 모든 것을 빠짐없이 말해 보라.

70. 사람에 대한 당신의 기본적인 믿음은 어떠한가? 인간 존재의 선과 악에 대한 당신의 판단은 어떠한가?

71. 지금까지의 삶에서 마음 깊이 와 닿는 가장 성스러운 순간은 언제인가?

72. 당신은 어떤 식으로 삶의 축복을 받아 왔는가?

73. 삶의 교훈이나 철학에 대해 단 한마디 하고 싶은 말이 있다면 무엇인가?

74. 지금까지 살아오면서 가장 행복했던 시간은 언제였는가?

| 옮긴이의 글 |

어린 시절 누구나 위인전 한 권 정도는 선물로 받았을 것이고 또 읽었을 것이다. 내 경우에는 부모님이 훌륭한 사람이 되라며 위인전기 50권을 한꺼번에 사 주셨다. 이때부터 나는 본격적으로 독서를 시작하게 됐는데, 책 속의 위인들은 다들 하나같이 극적이고 훌륭한 삶을 살다간 것 같았다. 그 책들을 읽으며 나는 일기를 써 나가기 시작했다. 일기 쓰기가 숙제이기도 했지만 나름 나도 위인들과 같은 삶을 살고 싶다고 생각했는지도 모르겠다. 고등학교 때까지 하루도 빠지지 않고 썼으니까 말이다.

하지만 고등학교를 다닐 때 부모님이 내 일기를 가끔 보신다는 것을 알고 난 후 일기 쓰기를 그만두었다. 지금 생각해 보면 무척 어리석은 짓이었다. 만약 그때 계속 일기를 썼더라면 소소한 작은 일상들로 이루어진 내 인생사를 언젠가 멋지게 구성할 수 있지 않을까 하는 아쉬움이 든다.

일기 쓰기가 숙제였지만, 우리는 사실 글쓰기 교육을 제대로 받아 보지 못했다. 그래서일까, 작가가 되려는 꿈이 있는 사람이 아닌 이상 글을 제대로 써 보지 않는 듯하다. 그나마 다행인 것이 인터넷의 카페나 블로그 덕분에 자신의 생각을 글로 표현할 기회가 많아졌다는 점이다. 그러나 이 역시 한계가 있는 것이 순간순간의 감정을 주로 기록하게 될 뿐, 체계적인 삶의 기록이 이루어지기는 쉽지 않다.

이 책을 번역해 나가면서 가슴이 아렸다. 어릴 적 즐거웠던 일, 마음 아팠던 일, 또 어른이 되어 가면서 겪었던 여러 일들이 떠올랐기 때문이다. 코끝을 찡하게 만드는 순간도 여러 번 있었다. 내가 어떤 일을 잘했는지 또 어떤 실수를 저질렀는지도 새삼 깨닫게 되었다.

이 책을 읽는 독자들은 당장 시작해 보기를 권한다. 자신의 자서전 쓰기를 말이다. 시간이 흐름에 따라 희미해져 가는 기억들을 자신의 자서전 속에 딱 붙들어 두기 바란다. 그 기억들을 하나하나 이어가다 보면 확신컨대 읽는 이로 하여금 눈물짓고 미소짓게 만드는 멋진 드라마가 완성될 것이다. 아이들에게는 더 없이 훌륭한 정신적 유산이 될 것이고 사랑하는 이에게는 자신을 각인하는 세상에 하나밖에 없는 선물이 될 것이다.

마크 트웨인은 자신의 자서전을 쓰며 '인간 심리의 가장 솔직하고 자유롭고 사적인 결과물은 연애편지'라고 했다. 그 연애편지를 쓸 때처럼 진솔하고 자유롭게 자신의 이야기를 쓰겠다고. 독자들도 세상에 하나밖에 없는 연애편지를 한번 남겨 보기 바란다.